KB194451

예스 6,

영성의 바다

예스 6, 영성의 바다

발행일	2017년 12월 15일

지은이	임 동 훈		
펴낸이	손 형 국		
펴낸곳	(주)북랩		
편집인	선일영	편집	이종무, 권혁신, 오경진, 최예은, 오세은
디자인	이현수, 김민하, 한수희, 김윤주	제작	박기성, 황동현, 구성우
마케팅	김회란, 박진관, 김한결		
출판등록	2004. 12. 1(제2012-000051호)		
주소	서울시 금천구 가산디지털 1로 168, 우림라이온스밸리 B동 B113, 114호		
홈페이지	www.book.co.kr		
전화번호	(02)2026-5777	팩스	(02)2026-5747

ISBN	979-11-5987-913-5 04230(종이책) 979-11-5987-914-2 05230(전자책)
	979-11-5987-557-1 04230(세트)

이 도서의 국립중앙도서관 출판예정도서목록(CIP)은 서지정보유통지원시스템 홈페이지(http://seoji.nl.go.kr)와
국가자료공동목록시스템(http://www.nl.go.kr/kolisnet)에서 이용하실 수 있습니다.

(주)북랩 성공출판의 파트너
북랩 홈페이지와 패밀리 사이트에서 다양한 출판 솔루션을 만나 보세요!
홈페이지 book.co.kr · **블로그** blog.naver.com/essaybook · **원고모집** book@book.co.kr

예수 나라 옴니버스 6번

예스 6,

영성의 바다

임동훈 지음

지금도 우리 삶 속에 살아계시는
하나님의 계시와 영성을 기록한
한 목사의 감동 신앙 간증집

북랩 book Lab

글머리에

어느덧 예수나라 옴니버스 여행을 6번째 하게 되었다. 이번 '예스 6, 영성의 바다'에 이어서 '자유의 다리', '평화의 노래', '별들의 고향', '기쁨의 향연' 등의 영성 여행을 계속할 것이다.

영성(靈性, Spirituality)은 비물질 무형적 실체로서 종교마다 약간씩 다른 의미를 가지고 있다. 이를테면 유대교의 영성이 있고 천주교의 영성이 있으며, 이슬람교의 영성이 있고 개신교의 영성이 있으며, 불교의 영성이 있고 유교의 영성이 있다. 원시 종교의 애니미즘에도 영성이 있다.

이 영성은 각자의 신앙과 믿음에 따라 그 의미를 조금씩 달리 적용하거나 해석할 수 있다. 그런즉 '이것이 내 영성이다!'라고 딱히 정의하기 어렵다. 우리는 성부와 성자와 성령, 곧 삼위로 역사하시는 야훼 하나님을 알고 믿어 누리는 데 방점을 찍는다.

흔히 영성은 신의 경지에 이르게 한다거나, 성경대로 살게 한다거나, 기도나 수행, 경건 훈련, 신비한 은사, 봉사나 헌신 등을 통해 드러난다고 여긴다.

하지만 고도의 참 영성을 누리기 위해서는 반드시 갖춰야 할 덕목이 있다. 지성(知性) 신학과 감성(感性) 신앙, 영성(靈性) 교통이 함께 어우러져야 한다. 이는 오직 예수 그리스도 안에서만 가능하다.

  사실 예수 그리스도는 우리에게 가장 가치 있는 신학과 신앙, 영성의 길을 제시한다. 인생의 본질을 깨닫게 하고, 믿음의 정수를 보게 하며, 보다 풍성한 신앙생활을 하게 한다.

  따라서 우리는 먼저 하나님의 자녀로서 관계성을 회복하고, 예수 그리스도를 자신의 구주로 영접하여, 언제 어디서나 우리와 함께하는 임마누엘 신앙을 가져야 한다.

  그때 십자가의 영성, 복음의 영성, 믿음의 영성, 은혜의 영성, 기도의 영성, 구원의 영성, 영생의 영성 등을 한껏 누릴 수 있다. 그러자면 반드시 주님과 동행(同行)하고 동사(同事)하는 동반자(同伴者)의 관계를 구축해야 한다.

  이 영성은 하나님과의 신비한 관계로부터 시작하여, 우리를 전인적으로 변화시켜 새로운 피조물이 되게 하며, 예수 그리스도 안에서 영원한 생명을 누리게 한다.

  여러분에게 신학의 영성과 신앙의 영성, 교통의 영성이 성령의 9가지 열매로 나타나기를 바라며, 보다 풍성한 은혜가 있기를 빈다.

  건전한 교훈은 복되신 하나님의 영광스러운 복음에 맞아야 합니다. 나는 이 복음을 전할 임무를 맡았습니다. (디모데전서 1. 11)

2017. 11. 22
예수나라 청지기

차 례

『예스 1, 휴먼 드라마』

『예스 2, 소망의 불씨』

『예스 3, 밀알의 소명』

『예스 4, 희망의 나래』

『예스 5, 광야의 단비』

에스 6, 광야의 단비

제26편

반잔의
생수

859. 위로와 질책

예수나라를 세우려고 물 맑고 공기 좋은 곳을 찾아 나섰다. 새벽 3시에 일어나 기도하고 곧 출발하였다. 충북 영동에 있는 옛 보건소 건물을 찾아갔다. 여건이 맞지 않았다. 전북 무주와 진안을 거쳐 돌아왔다.

어느 한 곳도 감동이 오지를 않았다. 주일이라 인근 교회에 가서 예배드렸다. 미리 싸간 도시락을 차 안에서 먹었다. 황사가 너무 심해 밖으로 나가기도 어려웠다.

이른 아침에 운동을 하려고 오랜만에 들판으로 나갔다. 그동안 하혈로 인해 운동하기도 어려웠으며, 기력도 없고 날씨도 궂었다.

하지만 오늘은 날씨도 좋고 기분도 상쾌했다. 바람도 불지 않고 구름도 끼지 않았다. 그토록 심한 황사도 말끔히 사라지고 없었다.

찬란한 아침 햇살과 지저귀는 새소리가 나의 쾌유를 빌어주는 듯했다. 춥다는 느낌도, 덥다는 느낌도 없었다. 그저 모든 것이 시원하기만 하였다.

새벽기도를 드리다가 심한 질책을 받았다. 하나님을 의지하지 않고 사람을 의지했다는 것이다. 하루속히 빚을 갚고 사역에 전념하겠다는, 지극히 인간적인 욕심에 사로잡혀 하나님의 뜻을 거역하였다.

사람의 욕심을 곧이곧대로 믿고 하나님의 진주를 돼지에게 던졌던바, 참으로 어처구니없고 부끄러운 일을 많이 저질렀다. 더욱 안타까운 사실은, 그렇게 함으로써 일이 꼬일 때마다, 오히려 하나님을 원망하고 사람을 이해하려고 노력했다는 것이다.

이런저런 일들을 생각하며 지나온 뒤안길을 돌아보니 정말 죄송스럽고 민망하였다. 하나님의 종이 하나님을 외면한 것도 모자라 사람에 의지하고 낭패만 보았으니, 정말 얼굴을 들기도 부끄러웠다.

게다가 그로 인해 어려움이 미칠 때, 하나님을 믿고 부탁하는 게 아니라 사람을 쫓아다니며 애걸복걸하기 일쑤였으니, 하나님의 영광을 얼마나 가렸던가?

"오, 주여! 만유의 주재시여! 이 못난 종을 불쌍히 여겨주십시오!"

(2007. 4. 2)

860. 선결 과제

큰물에 휩쓸려 마냥 아래로 떠내려가고 있었다. 빠져나올 생각은 하지 않고 그저 담담하게 흘러가는 대로 몸을 맡겼다. 어쩌면 래프팅을 하듯 그것을 즐기고 있었는지 모른다.

그런데 갑자기 강줄기가 기역 자로 꺾이며 물살이 급해지기 시작하더니 아래쪽에 폭포가 나타났다. 그 밑에는 큰 소(沼)가 있었다. 잠재적 의식으로 급히 강기슭으로 올라가게 되었다.

그리고 꼬불꼬불한 산길을 따라가다가 아래쪽에서 올라오는 지프차를 만났다.

'그래, 저 지프차를 얻어 타고 어디든지 가는 곳까지 가보자!'

그렇게 생각하고 손을 번쩍 들었으나 나를 거들떠보지도 않고 그냥 지나가 버렸다.

"아니! 뭐 저런 인간이 다 있어?"

지프차의 꽁무니만 멍하니 바라보다가 다시 좁은 산길을 따라 올라갔다. 구름에 달 가듯이 가는 나그네처럼 정처 없이 터덜터덜 걸어갔다.

얼마 후 어디에 도착하여 무슨 과제를 받았다. 하지만 나는 그보다 앞서 처리할 선결 과제가 있었다. 마음에 걸렸지만, 받은 과제를 그대로 둔 채 차를 몰고 부지런히 달려갔다.

그렇게 하여 다시 어느 곳에 이르렀다. 나를 비롯해 서너 명이 한 의자에 앉아 무슨 강의를 들었다. 그때 우리 옆에서 사람들이 찬양을 배우고 있었다. 내 친척들의 모습도 보였다.

긴 의자에 서너 명씩 짝을 지어 앉아 두세 줄가량 있었고, 옆에 있는 의자에도 사람들이 앉아있었다. 미처 자리에 앉지 못한 사람들은 벽에 기대어 서 있었다.

강단 앞에서 꽤 많은 사람들이 서서 춤을 추었다. 분위기는 썰렁하였으나 노래를 가르치는 선생님의 위트로 가끔씩 웃음바다가 되었다.

그때 나와 함께 있던 사람들은 의미 없는 강의를 그저 그렇게 무의식적으로 들었으며, 마음은 온통 찬양하는 사람들에게 가 있었다.

"이제 우리도 저쪽으로 가볼까?"

처음에는 우리도 찬양하는 사람들에게 속해 있었지만, 무엇인가 얄팍한 세속적 생각으로 자리를 옮긴 듯했다. 그래서 말은 그리 쉽게 하였으나, 다소 부끄럽다는 생각이 들었다. (2007. 4. 4)

861. 리얼 케어

공동체 인프라를 구축하기 위해 기도하고 있었다. 가진 돈은 100만 원, 당장 갚아야 할 돈은 2,000만 원, 계산적으로 보면 불가능했다. 하지만 폐 농가라도 빌려 당장 예배를 드리고 싶은 마음이 간절하였다.

그때 마냥 평화로운 곳이 보였고, 무슨 홈페이지 주소 같은 것도 보였다. 그중에서 특히 두 단어가 눈에 띄었다.

'// … real care …'

그리고 큰 강 같기도 하고 바다 같기도 한 곳이 나타나더니, 다시 두 단어가 보였다.

'wide river'

이어서 또다시 두 단어가 보였다.

'eternal obey'

그 외에도 사이사이에 좀 더 구체적인 내용이 보였으나, 다소 시간이 지남으로써 기억에서 사라지고 말았다. 하지만 '참 돌봄', '넓은 강', '영원한 순종' 등의 영어 단어는 기억에 남았다. (2007. 4. 5)

862. 안전한 평화

오직 공동체를 세우는데 마음을 두고 있었다. 겨우내 그런대로 지낼만하던 곳이 갑자기 살기 어려워진 것도, 공동체 설립을 염두에 된 원인 중 하나로 여겨졌다.

농사철이 시작되자 우리 집 주변에 가축들의 분뇨가 잔뜩 뿌려졌다. 지독한 냄새에다 인근의 공장 매연까지 겹쳐 환경이 극도로 나빠졌다.

또 그 집에 더 살려면 보증금 100만 원을 내라는 집주인의 강요도 한몫을 차지했다. 마치 무슨 힘에 의해 누가 우리를 강제로 내쫓는 듯했다.

하지만 보증금 없이 월 10만 원짜리 셋방을 어디서 쉽게 찾을 수 있겠는가? 비닐하우스든 컨테이너 하우스든, 어디든지 빨리 나가자는 여종의 아우성도, 어쩌면 주님의 도구로 사용되는지 모른다는 생각이 들었다.

사실인바 돌아보면, 올 3월부터 다시 사역을 시작한다고 선언했지 않은가? 그런데 벌써 한 달하고 보름이 지났으니 주님이 앞서 일하시는 듯했다.

새벽기도를 드리고 허리를 쭉 펴며 돌아누웠더니, '안전한 평화'라는 글씨가 보였다. 그 아래 '한 달 반 후'라는 글자도 있었다. 무엇인가 주님께서 우리를 이끌고 계신다는 생각이 들었다. (2007. 4. 10)

863. 가스 설비

액화석유가스(LPG)를 연료로 사용하다가 액화천연가스(LNG)로 바꾸게 되었다. 하지만 설비가 완벽한지에 대해서는 늘 미심쩍게 생각하고 있었다.

어느 날 가스가 새지는 않는지 여기저기 살펴보게 되었다. 가족들의 숙소를 비롯하여 가게, 교회당까지 마을 안에 있는 모든 건물을 둘러보았다. 다행히 어느 한 곳도 이상이 발견되지 않았다. 오랫동안 지고 있던 무거운 짐을 내려놓은 듯했다.

하지만 그것도 일순간이었다. 잘못된 곳은 하나도 보이지 않았지만 어딘가 모르게, 무슨 까닭인지 그 다음 일이 진척되지 않았다.

그래서 가스 설비가 완벽한지에 대해서만, 적어도 3번 이상 모든 곳을 돌아다니며 살펴보았다. 하지만 미심쩍은 것은 여전히 해소되지 않았다. 매사에 믿음이 없어 그저 그렇게 답답하고 불안하기만 했다. (2007. 4. 11)

864. 임시 구조물

건물을 보수하려고 설치한 것인지, 건물이 낡아 붕괴를 막으려고 세운 것인지 알 수는 없었으나, 아무튼 나는 그 임시 구조물 위에 서 있었다.

그 건물과 옆 건물 사이를 파이프로 연결하여 묶어놓긴 하였으나, 내가 있는 건물에서 옆 건물로 넘어갈 수 없었다. 사이에 큰 공간이 있었기 때문이다.

그때 나는 건물 벽에 붙은 좁은 발판 위에서 이리저리 빠져나갈 길을 찾고 있었다. 틈이 많이 벌어져 벽에 묶어둔 파이프도 한계에 이른 듯했다.

"어떻게 올라가지?"

하면서 애를 태웠다. 그 건물 옥상이 바로 땅이었다. 어릴 때 뛰놀던 고향 마을의 뒷동산 같기도 하였다. 거기서 아래쪽 계곡으로 이어진 90도 가까운 절벽은 건물의 벽처럼 보였다.

그때 위에서 어떤 사람이 밧줄을 내려주며 잡으라고 했다. 그러자 옆에 있던 사람이 다급히 소리쳤다.

"아니야! 너무 위험해! 밧줄을 놓치면 아주 끝장이야!"

그러고 보니 그 또한 그렇게 보였다. 절벽으로 내려온 밧줄을 잡아보니 튼튼한 것 같지도 않고, 쉽게 끌어올려질 것 같지도 않았다. 그렇다고 나 스스로 올라갈 수는 더욱 없었다. 모든 것이 불안하고 불투명했다.

"그래요! 너무 위험해서 도저히 안 되겠어요!"

그리고 돌아보니 틈새가 더욱 많이 벌어지고 있었다. 급기야 붕괴되는 소리도 들리기 시작했다.

"어떻게든 여기를 벗어나야 하는데, 시간은 없고!"

하면서 건물 끝으로 가보니 문이 하나 있었다. 다급한 나머지 다짜고짜 그 문을 열고 뛰어내렸다. 그런데 그 앞이 바로 땅이었다. 약간 위로 솟은 작은 봉우리였다.

하지만 그곳도 위험하기는 마찬가지라는 생각이 들었다. 앞뒤 살펴볼 겨를도 없이 아래쪽으로 내리달아 가급적 멀리 달아나기 시작했다.

뒤돌아보지 않고 앞만 보고 그저 그렇게 좁은 길을 달리고 또 달렸다. 달렸다고 하기보다는 정신없이 기어서 굴러갔다는 말이 더 적절하였다.

뒤에서는 여전히 삐거덕거리며 뒤틀어지는 소리가 들려왔다. 하지만 나는 단 한 번도 돌아보지 않고 계속 앞으로, 보다 더 멀리 나아갔다.

지금 당장 그 건물이 붕괴되어도 안전할 것이라는 생각은 들었으나, 그래도 달리기를 멈추지 않았다. 내 핸디캡을 누구보다도 잘 알고 있었기 때문이다. 그래서 결단코 돌아보지 않았다. (2007. 4. 12)

865. 여종의 객기

별 이유도 없이 함께 있던 여종이 객기를 부렸다. 다짜고짜 차를 몰고 나가려고 하였다. 직접 운전을 하려는가 싶어 옆 좌석에 타려고 하였다.

우선 짚고 있던 지팡이를 뒷자리에 넣고 다른 짐을 챙기려고 하였다. 그때 갑자기 차를 출발시켰다. 무슨 영문인지 몰라 그저 멍하니 바라만 보았다.

그런데 바로 앞에 우측으로 꺾인 급커브와 가파른 내리막길이 있었다. 누가 운전해도 단번에 돌아가기 어려웠다. 아무리 코너링 기술이 좋아도 그대로 떨어질 수밖에 없었다.

거의 180도 가까운 급커브를 회전해야 할 뿐만 아니라, 깎아 세운 듯 가파른 길을 어떻게 쉽사리 돌아간단 말인가? 아니나 다를까 차가 우측으로 쏠리더니, 여종이 밖으로 튕겨 나가 적어도 2번 이상 곤두박질치며 나뒹굴었다. 오른쪽 발목을 다친 듯했다.

그때 다른 차가 내려가면서 여종을 덮치기라도 한다면 살아날 방법이 없었다. 다행히 내리막길 언저리와 아래쪽 코너에 약간의 턱이 있었고, 그사이에 작은 도랑이 있었는데, 그곳에 작은 체구의 여종이 '쿡' 처박혔다.

그런데 급커브를 돌던 차가 그 자리에 멈춰 서 있었다. 급히 내려가면서 차에 손을 대지 말라고 소리쳤다. 하지만 여종은 내 말을 듣지 않았다. 그 와중에 비틀거리며 일어나 차를 몰려고 하였다.

그때 차가 아래쪽으로 몇 바퀴 구르며 힘들게 세워졌다. 그리고 무슨 운동장 같은 곳에 이르러 스스로 달리기 시작했다. 시동이 걸려 있었고, 기어도 들어가 있었기 때문이다.

차가 계속 앞으로 나아갔다. 사람들 사이를 요리조리 지나갔으나 다행히 사고는 없었다. 그러다가 어느 산기슭에 이르러 멈춰 섰다. 가축들이 한가히 뛰노는 농가 앞이었다.

그리고 얼마 후 공동체 설립을 신청하고 승인을 기다리고 있었다. 하지만 감감무소식이었다. 그저 그렇게 시간만 흘러갔다.

너무 답답해 다시 한 번 신청서를 꺼내 살펴보았더니, 5개 항목 중에서 2개만 그런대로 갖춰져 있었고, 3개는 여전히 미흡한 것으로 여겨졌다. (2007. 4. 13)

866. 고향 집

오랜만에 고향 집에 들렀더니 우중충하고 을씨년스러웠다. 너무 어두침침하여 으스스한 기운이 감돌았다. '생각의 아들'에게 불을 켜라고 하였더니 이렇게 말했다.

"스위치가 저 안에 있어서요."

하면서 안쪽에 있는 어두컴컴한 방을 가리켰다. 그 방에 들어가려니 기분이 영 좋지를 않았다. 빛이 들지 않아 항상 어둡고 칙칙하였으며 섬뜩한 느낌도 들었다.

우선 바깥방으로 들어가 스위치를 찾아보았다. 문 오른쪽에 스위치 3개가 나란히 있었다. 하나씩 올려보았다. 먼저 전방 건너편 창고 안에 불이 켜졌고, 이어서 창고 바깥에 불이 켜졌으며, 마지막으로 길가의 가로등이 켜졌다. 하지만 내가 서 있는 방을 비롯해 창고와 방 사이에 있는 전방에는 여전히 불이 들어오지 않았다.

그때 전방 안쪽 작은 구석방에서 누가 걸어 나오는 모습이 보였다. 깜짝 놀라 보니 '꿀벌'이었다. 두꺼운 외투를 입고 희미한 불빛 사이로 다소곳이 미소를 지으며 다가왔다. (2007. 4. 14)

867. 함석집

우리가 지금 살고 있는 집을 팔려고 내놓았다는 연락을 받았다. 참말인지 아닌지는 몰랐으나, 집주인의 독촉을 받고 4월 안으로 이사를 하겠다고 약속하였다.

그리고 무작정 이사할 집을 찾아 나섰다. 1주일간 무안, 목포, 해남, 강진, 장흥, 순천을 거쳐 충주, 제천, 단양 쪽을 다녀보았으나 여의치 못했다.

시간이 촉박하여 기다릴 수 없었다. 바로 다시 길을 나섰다. 울진과 영덕에서 농가 주택을 알아보다가 한 빈집을 소개받았다. 1년 사글세로 44

만 원을 내라고 하였다. 문중 토지에 지어진 오래된 함석집이었다. 할머니가 살았으나 몇 해 전에 돌아가셨다고 했다.

그 할머니의 후손이 대구에 살고 있었으며, 옆집에 사는 그의 친척이 집을 관리하였다. 이사는 당장 해야 되겠고 마땅히 갈 곳은 없었던바, 우선 그 집으로 잠정 결정하고 올라왔다. (2007. 4. 20)

868. 조 밭

아직 공동체를 세울만한 준비가 덜 된 듯했다. 기본 시설과 인허가, 프로그램, 섬김이, 운영 자금 등이 부족하거나 갖춰지지 않았다.

그런데 복음을 전해야 한다는 욕심이 앞서 또 다른 실수를 저지르지 않을까 걱정되었다. 후원자도 없는 상태에서 CMS(자동이체대행시스템)부터 먼저 신청한 것이라든지, 자금도 없으면서 그저 막연하게 물 맑고 공기 좋은 곳을 찾으러 다닌 것 등이 그랬다.

그러다가 오늘 새벽기도를 마치고 환상을 보았다. 새벽인지 아침인지 애매한 시간이었다. 어머니가 살던 집이 비어있어 어쩔까 하다가 밖으로 나가보았다.

그때 '동녘의 꽃'이 오솔길을 따라 한 아이와 함께 올라왔다. 그리 크지 않은 냄비를 손에 들고 있었다. 냄비 속에 주방 도구 같은 것이 있었다. 가까이 오더니 말했다.

"이걸 가지고 오빠가 먼저 올라가세요!"

하고 다른 짐을 가지러 차 있는 쪽으로 내려갔다. 나는 내려가던 길을 멈추고 어머니가 살던 집을 향해 다시 올라갔다. 여동생이 그 집으로 이사를 하려고 하여 도와주기 위해서였다.

　신작로에서 확성기를 들고 외치는 자매가 있었다. 자세히 보니 나의 누나였다. 복음을 전하는가 싶었는데, 자기 아파트를 팔기 위해 동분서주하였다. 그때 보니 이마에 주름이 부쩍 늘어나 있었다. 그동안 상당한 세월이 흐른 듯했다.

　그 모습을 뒤로하고 나는 계속 어머니의 집으로 올라갔다. 약간 비탈진 언덕길이 아예 절벽으로 느껴졌다. 뒤로 벌렁 자빠질 것 같은 느낌이 들었다.

　"그래, 이게 바로 사탄의 시험이야! 이 느낌을 그대로 믿으면 정말 뒤로 벌렁 자빠져 아래쪽으로 굴러떨어지고 말 거야. 아무것도 생각지 말고, 오직 앞만 보고 똑바로 가야 해. 앞만 보고!"

　하면서 아예 눈을 감았다. 손으로 위를 더듬으며 나아갔다. 그때 손가락 한마디쯤 잡히는 턱이 있었다. 그걸 잡고 조심조심 위로 올라가기 시작했다.

　최선을 다하고 있었으나 경사가 점점 더 심해지는 듯했다. 내 몸이 활처럼 뒤로 휘어지는 느낌이 들었다. 하지만 실상은 절대 그렇지 않다는 사실을 굳게 믿었다. 그리고 조금씩 위로 계속 기어 올라갔다.

　얼마 후 나는 무사히 위쪽 평지에 올라서게 되었다. 마치 끝없는 무저갱을 빠져나온 듯했다. 한동안 바닥에 드러누워 하늘만 쳐다보았다. 그때 내 옆에서 나를 지켜보는 자매가 있었다. 그 자매에게 물어보았다.

"알아요?"

"그래요, 저도 조금은 둘 줄 알아요!"

나는 내가 믿고 의지하는 하나님을 아느냐고 물어보았으나, 자매는 바둑을 조금 둘 줄 안다고 대답했다.

"아니 그게 아니라, 이렇듯 좋으신 하나님을 아느냐고요?"

"아! 예, 저도 예수님을 믿어요!"

그러자 그 옆에 다른 한 자매가 있다가 말했다.

"그런데 도대체 뭣이 있기에 그토록 많은 사람이 예수를 믿어요?"

그때 나는 기다렸다는 듯이 팔을 높이 쳐들고 소리쳤다. 너무 흥분한 나머지 환상에서 벗어나 실제로 손을 번쩍 들었다.

"할렐루야!"

그리고 '예수 복음'의 자초지종을 자세히 설명하면서 기쁜 마음으로 전도하기 시작했다. 그때 내 눈앞에 넓은 들판이 나타났다. 끝없는 사막처럼 광활하게 펼쳐진 조 밭에, 보일 듯 말듯 파란 싹이 빼곡히 돋아나고 있었다.

그런데 아쉽게도, 군데군데 크게 자라난 가라지가 보였다. 조보다 키가 두세 배나 커서 이파리가 이리저리 꺾여 있었다. 언뜻 보면 어린 조는 보이지 않고 웃자란 가라지만 보였다. 하지만 밭은 조 밭이었다.

조 밭에 악한 자가 와서 가라지를 흩뿌린 것이 분명했다. 나는 그 밭을 바라보며 영감이 우러나오는 대로 열심히 복음을 전했다. 내 평생 그렇게 열정적으로 복음을 전한 것은 처음이었다. 그야말로 주님의 성령으로 복음의 불을 한껏 질렀다. (2007. 4. 23)

869. 물까마귀

눈에 보이지 않는 어떤 힘에 이끌려 숱한 사람이 몸을 파는 대열에 끼어들었다. 나도 그들 가운데 있었다. 줄을 서서 기다리다가 호출이 되면 순서에 따라 골방으로 들어갔다.

그런데 한 자매가 호출도 없이 스스로 나오더니 골방으로 들어가 눕는 모습이 보였다. 속옷도 입지 않고 짧은 치마만 걸친 채, 벌렁 드러누워 스스럼없이 치마를 걷어 올렸다가 내리곤 하면서 속살을 드러내었다.

그러다가 그 모습을 이상히 여기며 바라보는 사람들이 오히려 이상하다는 듯 물었다.

"뭐가 이상하세요?"

그때 내 바로 앞에 있던 자매가 호출되어 뒤쪽 골방으로 들어갔다. 금세 짐승같이 생긴 한 병사의 노리개가 되었다. 그들을 보면서 막상 내 차례가 되자 무서운 생각이 들었다.

"나는 남자가 아닌가? 남자도 저런 일에 끼일 수 있단 말인가? 더욱이 주의 종이?"

나는 내가 범죄하고 망신을 당하면 하나님의 영광을 가리게 된다는 생각에 사로잡혀 있었으며, 나도 모르게 몸을 부르르 떨었다.

그러다가 결국은 내 차례가 되었다. 그런데 호출 쪽지를 보니 전혀 뜻밖이었다. 나를 호출한 사람이 강원도 영월에 사는 어떤 할머니였기 때문이다.

'영월 / 노인 / 조모'라는 세 단어가 눈에 보이는 순간, 즉시 안도의 숨을 쉬었다. 영월은 거리도 멀었거니와 할머니들을 돌보고 섬기는 일이 바로 내 일이었기 때문이다.

"할렐루야! 주께서 이 종을 구원하셨다!"

그 일이 있은 후 나는 짝 잃은 기러기처럼 외롭게 지냈다. 그리고 사창가 근처의 외진 구석에서 그곳을 들락날락하는 사람들을 지켜보았다.

거기서 나는 여러 사람을 만나게 되었으며, 그들 가운데 유독 내게 관심을 보인 사람이 있었다. 그는 키가 작은 남성으로 오른쪽 다리를 절었으며 60세가량 되었다.

그가 그곳을 자주 드나들었던바, 통성명은 안 했어도 얼굴은 자연히 알게 되었다. 그는 나를 바라볼 때마다 안쓰러운 표정을 지으며 무엇인가 도와주려고 하였다. 그러던 어느 날 그가 비로소 한마디 했다.

"이제는 얼굴에 핏기도 없구먼. 자, 이것으로 요기나 하시게. 이름도 모르고 얼굴도 모르는 사람을 어떻게 찾으려고. 쯧쯧."

하면서 돌돌 말아 주머니 깊숙이 넣어둔 지폐를 한 장 꺼내 주었다.

"아닙니다! 아니에요! 괜찮아요!"

하고 나는 극구 사양하며 도로 그의 주머니에 넣어주었다. 그는 선한 사람으로 보였으며, 그 돈을 받기가 너무 민망했기 때문이다. 그리고 거울에 비친 내 얼굴을 보니, 정말 핏기 하나 없이 하얗게 변해 있었다. 다른 사람들과 대비하니 더욱 그랬다.

이후 나는 한 번도 본 적이 없고 이름도 모르는 그 사람을 계속 기다렸다. 그것도 사창가에서 몸을 파는 여인들 중에서 찾고 있었다.

그러던 어느 날, 검은 안경을 끼고 휠체어를 탄 자매가 한 여인의 도움을 받으며 사창가 안으로 들어가는 모습이 보였다. 나와 함께 쭉 기다리며 지켜보던 형제가 범상치 않다는 낌새를 알아채고 서둘러 따라 들어 갔다. 다른 여러 사람들도 함께 몰려갔다.

그때 연극이 클라이맥스에 달한 듯, 홍분한 관객들이 벌떡 일어나 뭐라고 소리치며 환호하였다. 그 광경을 지켜본 나는, 그 자매가 바로 내가 찾는 사람이라는 사실을 알았다.

자매는 그동안 무슨 일이 있었는지 앞을 잘 보지 못했으며, 다리까지 불편하여 걷지 못했던바, 더욱 내 마음을 아프게 하였다. 그야말로 만신창이 되어 마지막 순간에 돌아왔던 것이다.

그 자매가 무대에 오르자 관객들도 그 사실을 아는 듯 금방 눈물을 터뜨렸다. 나도 도저히 참을 수가 없어 뒤쪽으로 물러가려고 하였다. 그런데 그사이를 참지 못해 눈시울을 흠뻑 적시고 말았다. 그때 서서히 무대의 막이 내렸다.

그리고 얼마 후, 나는 재래시장 한쪽 구석에 앉아있는 그 자매를 만났다. 조용히 다가가 보니 누구와 통화를 하고 있었다. 잠시 옆으로 비켜나 있다가 통화가 끝난 후 가서 말을 건넸다.

"그 연극에서 실제의 주인공은 바로 나였소. 하지만 나는 단 한 번도 무대에 올라간 적이 없소. 그래서 관객들이 당신을 보고 카타르시스(catharsis)를 느낄 수 있었소."

그러자 자매는 조용히 앉아서 얘기하자는 뜻으로, 손바닥을 펴서 자기 앞에 놓인 바위를 정중하게 가리켰다. 자매와 나는 생전 처음 보는 사이였으나, 자신을 애타게 기다리던 슬픈 주인공이 있었다는 사실만은 그 자매도 알고 있었다.

그때 자매는 자기 앞에 놓인 나지막한 바위가 있었음에도, 근처에 있는 높고 평편한 돌을 갖다가 편히 앉으라고 했다. 나도 자매와 같이 다리에 장애가 있었던바, 낮은 자리가 불편하다는 사실을 알고 있었기 때문이다.

그래서 나는 여기저기에 흩어져 있는 돌들을 살펴보았다. 그런데 내가 그 돌을 들고 오면 누군가 앉을 자리가 없어지게 된다는 사실을 알고, 그냥 돌아와 괜찮다고 하면서 낮은 자리에 앉았다.

그 후 나는 자매와 함께 낡은 승용차를 타고 다녔다. 집 부근에 다닐 때는 몰랐으나, 먼 거리를 가면서 보니 차가 잘 나가지를 않았다. 두 발로 액셀을 한껏 밟았으나 힘만 들었지 마찬가지였다.

그렇게 어느 고개를 올라가면서 보니 정비소가 즐비하게 있었다. 하지만 정작 수리할 기사가 보이지 않았다. 그래서 맨 위쪽에 있는 서비스센터로 올라가게 되었다.

그리고 하루는 물통 속에서 목욕을 하였다. 주변에 있는 물까마귀들이 제대로 자라지 못해 안타까운 마음이 들었다. 그때 어떤 사람이 새끼 까마귀들을 내가 목욕하는 물통 속에 집어넣었다.

그러자 처음에는 힘이 없어 바닥에 가라앉거나 비실비실하며 발버둥을 치더니, 나중에는 헤엄을 치면서 건강하게 빨리 자라는 모습이 보였다. (2007. 4. 24)

870. 작은 불씨

장애인계 지도자로 일하는 후배의 안내를 받아 공동생활 가정을 방문하게 되었다. 1층에 사는 가족 몇 사람과 인사를 나누고, 2층에서 독방을 쓰는 지적장애인 방으로 올라갔다.

그 방 앞에 이르자 그가 막 외출을 하려고 나왔다. 비교적 말끔하게 옷을 차려입고 있었다. 비록 말은 어눌했으나 밝은 모습으로 인사했다.

"안녕. 하. 세. 요?"

"할. 렐. 루. 야! 반갑습니다. 임 목사입니다."

그리고 얼마 후, 공동체 양식이 떨어져 도움의 손길을 찾고 있었다. 그때 오래전 함께 근무한 한 장교를 만났는데, 그를 통해 아주 특별한 후원을 받게 되었다.

미국 정부가 우방을 지원할 목적으로 자국 무기를 싸게 판매하는 FMS(Foreign Military Sales) 방식과 비슷했다. 즉, 부강한 미국 국민이 식사를 준비하는 과정에서, 우방의 어려운 이웃을 위해 조금 더 준비하여 일부를 나눠주는 것이었다.

그런데 그 식사 후원은 매일 아침에 한해 제공되었으며, 음식은 남아도 가져갈 수가 없었다. 그래서 우리 공동체 가족들은 아침을 해결하게 되었으며, 주방 사역자들도 다소 한가한 아침 시간을 가질 수 있었다.

그러던 어느 날, 공동체 마을에 화재가 발생했다. 수도에 긴 호스를 연결하여 가까스로 불길을 잡았다. 그런데 얼마 있다가 또 불이 났다. 처음에는 길가 풀숲에 작은 불씨가 살아나 그 불을 끄려고 했다.

하지만 여의치 않아 우선 멍석 같은 것을 둘둘 말아 덮고 물을 뿌리며 수돗가로 갔다. 그런데 수도꼭지에 끼워서 물을 뿌릴 호스가 없었다.

1m 내외의 동강 난 호스는 지천으로 널려 있었으나, 지난번에 사용한 긴 호스는 누구에게 빌려준 듯 보이지 않았다. 어쩔 바를 몰라 바가지에 물을 받아 뿌렸으나 어림 반 푼어치도 없었다.

그렇게 이리저리 헤매는 사이에 불길은 명석을 뚫고 높이 솟구치기 시작했다. 급기야 옆에 있던 큰 소나무 가지에 붙더니 나무 전체로 번져 불길은 더욱 세차게 치솟았다.

도저히 그 불을 끌 방도가 없었다. 자포자기 상태로 멍하니 쳐다보고 있었다. 그때 주변에 있던 사람들이 우르르 몰려와 함께 불을 끄기 시작했다. 그러자 그 세찬 불길이 잦아들었다. (2007. 4. 26)

871. 빈집

예수나라를 세우려고 근 한 달 동안 조선 팔도를 돌아다녀 보았으나 주님의 응답이 없었다. 아직 준비가 덜 된 것으로 보였다.

부득이 공동체 설립을 뒤로 미루고, 우선 거처할 집을 마련하기 위해 영덕으로 갔다. 얼마 전 종중 땅에 있는 함석집을 보았는데 가능하면 매수하고, 그렇지 않으면 사글세로 들어갈 생각이었다.

차를 타고 가다가 피곤하여 조수석에서 잠시 눈을 붙였다. 그때 준수한 청년이 보였다. 어디선가 본 듯도 하였으나 거리가 너무 멀어 알 수 없었다.

그런데 그가 인터체인지 코너에 서서 오른손을 번쩍 들더니, 무엇인가 다급한 듯 오른쪽 길로 들어가라고 연거푸 수신호를 보냈다.

눈을 떠보니 차는 중부고속도로에서 영동고속도로로 접어들어 달리고 있었다. 예삿일이 아니라는 생각이 들어 여주에서 우회전하여 내륙고속 도로를 갈아타게 되었다. 원래는 영동고속도로로 가다가 원주에서 중앙 고속도로를 이용할 생각이었다.

그렇게 내륙고속도로를 타고 가다가 점촌으로 빠져나가 안동 예안을 거쳐 봉화 재산을 지나갔다. 그리고 영양 일월을 거쳐 울진 온정에 도착 하였다. 거기서 라면으로 저녁을 때우고 하룻밤을 보냈다.

아침이 되어 자동차에 가스를 넣으려고 충전소에 들렀다. 혹시나 하는 생각에 주유원에게 물어보았더니, 선뜻 전화번호를 가르쳐주면서 말했 다.

"얼마 전에 빈집이 있다고 하였는데, 직접 한번 통화해 보세요."

그래서 울진 온정에 있는 빈집을 보게 되었고 결국은 그 집으로 이사 하게 되었다. 하나님의 신비로운 손길이 미쳤다는 사실에 의심의 여지가 없었다. 그렇게 불과 몇 시간 차이로 영덕에서 울진으로 거처가 바뀌게 되었다.

그 집은 임차인이 수리해서 사는 조건으로 무상으로 무기한 살아도 좋다고 하였다. 지금 사는 양주 집과 비슷한 구조로서 작은 흙집에 방 2 개와 부엌이 딸려 있었다.

딸 3명을 둔 할아버지와 할머니가 살다가 할머니는 돌아가시고, 할아 버지는 치매가 와서 요양원에 들어갔다고 했다. 집이 빈 지 3년 정도 되 었으며, 온천 지구에 살고 있는 둘째 딸 부부와 계약하고 다시 양주로 돌아왔다. (2007. 4. 28)

872. 사랑에 속고

　동두천에 사는 한 장애인이, 주님의 교회를 무시하고 주의 종을 업신여기며, 선을 악으로 갚아 고심하고 있었다. 3차례에 걸쳐 사정하며 돈을 빌려 간 후, 적어도 10번 이상 약속을 어겼다.

　그래서 내가 오히려 달래며 사정하였으나, 3개월이 지나도록 성의도 보이지 않았다. 그러다가 이제는 더 이상 핑계할 수 없자, 아예 마음대로 하라고 배짱을 내밀었다.

　장애인이 긍휼히 여김을 받지 못한다면 그는 더욱 불쌍한 사람일 것이다. 장애인은 대체로 순수한 면이 있지만, 그는 달라도 너무 달랐다. 정말 보통내기가 아니었다. 이런저런 생각을 하다가 어렵게 잠자리에 들었다.

　선을 악으로 갚는 사람을 어찌해야 좋을지 몰라 고심에 고심을 거듭하다가, 지급명령 신청서를 작성하게 되었지만, 갈등은 새벽까지 이어졌다. 정말 긴 밤이었다.

　새벽기도를 마치고 잠이 들었는가 싶더니 환상이 보였다. 이사 갈 집 같기도 하고 다른 집 같기도 했다. 어느 시골 기와집이 보였고, 고심에 고심을 거듭하여 그 마당을 배회하고 있었다.

　그 돈을 포기하자니 현실적으로 내가 너무 어려웠고, 강제적으로 받자니 부득불 세상의 힘을 빌릴 수밖에 없었는바, 주의 종으로서 역시 쉬운 일이 아니었다.

　공갈과 사기로 고소를 하자니 그가 너무 불쌍해 보였으며, 그렇다고 그냥 포기하자니, 사랑에 속고 돈에 울 수밖에 없는 내 형편이 너무 초라했다.

바로 그때였다. 언제 어디서 어떻게 다가왔는지 알 수 없었으나, 자매 2명이 내 어깨를 살짝 두드리며 이렇게 말하고 급히 지나갔다.

"아무 걱정하지 마! 모두 곧 끝날 거야!" (2007. 5. 1)

873. 생활 습관

어느 시골집 앞마당에서 예닐곱 명쯤 되는 아낙네가 분주하게 일하는 모습이 보였다. 어디선가 멀리서 오는 귀한 손님을 맞이하려고 준비하는 듯했다.

그때 아낙네들이 하던 일을 멈추고 갑자기 일어나 앞치마에 손을 닦는 등, 무엇을 위해 더욱 바삐 움직이는 모습이 보였다. 기다리던 손님이 도착했는지, 아니면 다른 무슨 일이 있는지 궁금했다.

그들이 담 아래 있는 화단으로 몰려가더니, 동녘 하늘을 향해 손을 높이 들고 기도하기 시작하였다. 마치 유대인 자매들이 강가에서 기도하는 듯했다. 예수나라 자매들의 생활 습관처럼 보이기도 하였다. (2007. 5. 2)

874. 흔적

숨고자 하면 무엇이 나타나고, 숨기고자 하면 무슨 흔적이 드러나곤 하였다. 그래서 밤이 맞도록 쫓고 쫓기는 싸움을 계속할 수밖에 없었다. 오늘 온종일 몸이 찌뿌듯했다. (2007. 5. 3)

875. 울진

이윽고 울진 산간 마을로 이사를 했다. 주님의 전적 은혜였다. 정말 물 맑고 공기 좋은 곳이었다. 한 주 동안 이삿짐을 정리하고, 자갈밭을 일구 어 채소를 심었다.

사역을 위한 갈급한 심정은 떠날 줄을 몰랐으나, 모든 것이 여의치 않 아 마음뿐이었다. (2007. 5. 4)

876. 농부

'임대료는 무상으로 한다. 임대 기간은 임차인이 원하는 날까지 무기한 으로 한다. 다만 수리비는 임차인이 부담한다.'

울진 집 임대차계약서 단서 조항이다. 그 집 둘째 딸 내외가 스스로 이렇게 써 주었다. 그들 부부는 우리와 비슷한 연배로 기분파였다.

주님의 은혜로 이사를 모두 마쳤다. 물 맑고 공기 좋은 곳으로 주님이 인도하셨다. 물은 온천수나 다름이 없었고, 공기도 더할 나위 없이 깨끗했다. 옆집 대구 아저씨는 이사 온 지 6개월 만에 기관지가 말끔히 나았다고 하였다.

지난 1주일간에 걸쳐 이삿짐 정리와 집수리, 주변 청소까지 말끔히 마쳤다. 이사비와 보일러 설치비 등을 합쳐 200만 원 남짓 들었다. 적은 돈이 아니었으나 정말 홀가분했다.

언제 어디서 무슨 일을 하든지 보수하는 사역이 내게 주어진 듯했다. 그때마다 힘들고 어려움이 따랐지만 그래도 잘 감당하고 있다. 처음에는 폐가처럼 보이던 거미줄투성이 집이 새롭게 단장되었다.

마당에 있는 예닐곱 평쯤 되는 자갈밭을 일구어 씨앗을 뿌렸다. 어떻게 알았는지 금방 새들이 날아와 그 씨를 쪼아 먹었다. 너무 많은 돌을 가려내 지반이 10cm 정도 낮아졌다. 옆집 경운기를 빌려 흙을 실어다 넣고 거름을 뿌렸다.

이사에 따른 일이 거의 마무리되었다. 오후에는 속이 매스껍고 가슴이 두근거려 자리에 누웠다. 밖에서 활기차게 일하며 살아가는 농부들이 부러웠다. (2007. 5. 10)

877. 첫 손님

한참 자다가 보니 무엇이 팔을 타고 스멀스멀 기어 올라왔다. 깜짝 놀라 전기를 켜보니 한 뼘이나 되는 큰 지네가 이불 속에 있었다. 새벽 2시였다.

그놈을 생포하여 앞마당 자갈밭에서 화형식을 거행했다. 하지만 이후 잠을 이룰 수 없었다. 새벽기도를 드리고 나서야 겨우 쪽잠이 들었다.

6시 반에 전화벨이 울렸다. 경기도 양주에 사는 장로님과 권사님 내외가 삼척까지 내려왔다고 했다. 새벽 2시에 출발하여 밤새 내려오는 중이었다.

7시가 조금 지나 그들이 집에 도착했다. 아침 식사를 마치고 나가더니 세간 도구와 생선 등을 잔뜩 사서 왔다. 생선 찌개로 점심을 먹고 서둘러 상경했다. 키우고 있는 개 때문에 지체할 수 없다고 했다.

그들은 한때 2,000마리가 넘는 개를 키웠던바, 사람들이 그 장로님을 '개 박사'라고 불렀다. (2007. 5. 11)

878. 힘든 시간

며칠 동안 온몸이 푹푹 쑤시고 아팠다. 몸살인지 뼈마디와 살갗이 닿기만 하면 아팠다.

'자고 나면 괜찮겠지. 하루 더 쉬고 나면 낫겠지.'

하며 참고 기다렸으나 점점 더 심해지는 듯했다. 결국은 약을 사 먹고 몸조리를 하였다.

어느 교회의 초대를 받아 예배에 참석했다. 설교 시간이 되자 사회자는 일언반구 없이 그냥 단상에서 내려가 버렸다. 고요한 침묵만 하염없이 흘렀다. 무슨 사정이 있겠지 싶어서 기다렸으나 침묵의 시간은 끝이 없었다. 부득이 내가 앞으로 나갔다.

그렇게 단상으로 올라가 성경을 펼쳤지만, 무슨 연유인지 성경 말씀이 보이지 않았다. 한참 이리저리 펼치다가 더 이상 지체할 수 없어 아무 데나 적당한 곳을 펴서 읽었다. 그런데 미리 준비한 말씀처럼 보였다.

이어서 찬양을 하려고 하였으나 원하는 찬송가가 찾아지지 않았다. 이리저리 넘기다가 결국은 접어두고 복음성가 한 구절을 불렀다. 하지만 그 성가도 정신 집중이 안 돼 제대로 부르지 못하고 중언부언하다가 마쳤다.

그리고 설교 원고를 펼쳤지만, 무엇이 무엇인지 뒤죽박죽이라 찾을 수가 없었다. 한참 뒤적이다 결국은 접어두고 평소에 아는 몇 마디만 하고 설교를 끝냈다. 정말 힘든 시간이었다.

오후에 읍내로 가서 시루떡을 주문했다. 저녁에 찾아와 집집마다 다니며 이사 떡을 돌렸다. 그렇게 집들이와 인사를 모두 마쳤다. (2007. 5. 12)

879. 조은 소식

내가 거주하는 방 한복판에 구들이 꺼진 모습이 보였다. 시커먼 구멍 속에서 그을음이 올라오고 있었다. 안타까운 마음으로 지켜보다가 주님의 지혜로 보수하고 청소를 마쳤다.

그러자 신비하게도 집주변까지 깨끗하게 되었다. 더욱이 그 은혜가 내게 고스란히 미쳐 나도 깨끗하였다. 주님이 허락하신 선물이라는 생각에 더욱 감사했다.

그렇게 수리한 방에서 자고 있었다. 그런데 옆에서 자던 '윤택한 아들'과 '거룩한 기도'가 계속 잠꼬대를 하였다. 신경이 쓰여 잠을 이룰 수 없었다.

새벽에 그들이 심한 헛소리와 외마디소리까지 질러댔다. 설상가상으로 입에 담지 못할 욕설까지 하며 스스로 괴로워했다. 그러다가 아침이 되었다.

그때 나는 방 한쪽 구석에서 무엇인가 열심히 일하고 있었다. 그러자 내 모습을 지켜보던 '목표 달성'이 밖에서 소리를 질렀다.

"중석을 분명히 해!"

"중석이라고?"

'중석'이 무슨 뜻인지 처음에는 이해하지 못했으나, 곰곰이 생각해 보니 '중요한 자리'나 '중대한 직무'를 의미하는 듯했다. 그래서 다시 한 번 나 자신을 돌아보게 되었다.

토요일마다 가까운 기도원을 찾아가 기도하려고 하였으나 여의치 않았다. 예수나라 설립도 답보 상태였고, 사역도 멈춘 지 오래되었다. 새벽에 드리는 예배와 말씀 묵상이 전부였다.

내가 사는 이곳 농촌에는 독거노인이 많다. 치매를 앓는 할머니도 있다. 우선 반찬을 해서 갖다 드리고 설거지를 해드리는 등의 작은 일부터 시작하였다. 복음을 전하기 위한 전초 작업이었다.

노인들 중에는 평생 '예수'의 '예' 자도 들어본 적이 없는 사람이 있었다. 할아버지와 할머니들을 전도하기 위해 소책자나 팸플릿을 만들었으면 하는 생각이 들었다. 형식에 구애 없이 그저 쉽고 단순하게 쓰면 좋을 듯했다.

제목도 '좋은 소식'이나 '기쁜 소식'보다는, 틀에서 약간 벗어나더라도, 읽기 쉬운 '조은 소식'이 바람직하다는 생각이 들었다.

그리고 그동안 내가 쓴 글을 모아 책으로 편찬했으면 하는 생각도 들었다. 예수나라의 복음을 보다 많은 사람에게 전하기 위해 무상으로 누구에게나 배포하고 싶었다. (2007. 5. 13. 주일)

880. 경운기 사고

귀신을 잡아넣고 꽁꽁 묶어놓은 자루가 몇 개 보였다. 그중에서 하나가 늘 부담이 되었다. 어쩌다 그 자루가 터지기라도 한다면, 그 속에 갇혀 있던 귀신이 튀어나와 나를 괴롭힐 것만 같았다. 그래서 늘 불안하고 초조했다.

그러던 어느 날 그 귀신 보따리가 바람과 함께 사라졌다는 느낌이 들었다.

"어휴, 이제야 겨우 자유를 찾은 듯하구나!"

이웃에 사는 한 노인이 찾아왔다. 오랫동안 마을 이장으로 궂은일을 도맡아 하였으나, 얼마 전 경운기 사고로 몸을 다쳐 더 이상 일할 수 없었다.

그는 말도 어눌했지만 말할 때 이빨 전체가 들썩거렸다. 걸음걸이도 상당히 불편했다. 항상 담장을 잡고 천천히 걸어 다녔다. 그가 우리 집에 와서 안쓰러운 듯 말했다.

"여기서 뭘 해 먹고살 거요?"

갑작스러운 질문에 무슨 말을 어떻게 해야 할지 몰라 머뭇거렸다. 그러자 그가 다시 말했다.

"나하고 저 위에 있는 광산으로 올라갑시다. 내가 일자리를 부탁해 볼 테니."

"다리가 불편해서 심한 일을 할 수 없습니다."

"그렇다면 맞는 일도 있겠지. 어서 일어나시오!"

그때 우리가 얘기하고 있는 것을 보고 동네 어른이 또 한 분 오셨다. 취직 이야기는 자연스럽게 중단되고 말았다. 사실 이사를 하고 보니 얼마 떨어지지 않은 뒷산에 광산이 하나 있었다.

석산의 돌을 캐서 밀가루보다 더 곱게 갈아 화장품 재료로 납품한다고 했다. 입자가 고와서 사람이 먹어도 해롭지 않다고 들었다. 그래서 광산에서 마을로 흐르는 강도 오염되지 않았다.

어른들과 마당에 놓인 테이블에 앉아 이야기를 나누었다. 남은 이사 떡과 커피를 가져와 대접했다. 처음에는 성씨 이야기를 하다가 자연스럽게 족보 이야기로 옮겨지게 되었다.

그때 동네 할머니 한 분이 사색이 되어 신작로를 따라 내려오면서 소리쳤다.

"우리 영감이 경운기에 깔렸어요! 병원까지 좀 태워다주시오!"

급한 나머지 나는 겨울 운동복에 검정고무신을 신은 채 그대로 차를 몰고 나섰다. 마을 어귀에 나가보니 다친 할아버지는 팔을 움켜잡고 있었으며, 마을 사람들은 그 할아버지 옆에 서성거리고 있었다.

"이사 온 지 얼마 안 됐는데, 이렇듯 동네일을 봐주니 정말 고맙소!"

마을 사람들이 입을 모아 칭찬했다.

"별말씀을요. 한마을에 사는 사람으로서 당연히 해야 할 일이지요."

나중에 안 사실이지만 경운기에 깔린 할아버지를 집배원이 발견하여 경운기를 들어 간신히 끌어냈다고 한다.

할아버지와 할머니를 태우고 후포 병원으로 갔다. 거리는 약 20km쯤 되었다. 엑스레이를 찍어보니 어깨뼈가 부서진 상태였다. 친척들이 사고 소식을 듣고 급히 찾아왔다.

"이 정도면 혈관과 신경까지 다쳤을 가능성이 있으니 큰 병원으로 빨리 가야 합니다."

"큰 병원이라면?"

"포항으로 서둘러 가세요."

그때까지 가만히 있던 할아버지가 손이 저리고 아프다고 고통을 호소했다. 우선 좀 아프지 않게 해달라고 고래고래 소리를 질렀다. 그러자 주사를 놓아주면서 급히 가라고 했다.

간호사가 구급차를 불러준다고 하였으나 할머니는 나와 함께 가기를 희망했다. 할아버지를 입원시키고 돌아와 이것저것 준비해서 다시 병원으로 가야 했기 때문이다. 짐승들도 그냥 들판에 있고, 하던 일도 그대로 두고 엉겁결에 나왔던바, 할 일이 너무 많다고 했다.

울진에서 영덕을 거쳐 포항까지 무조건 달리기 시작했다. 할아버지는 점점 더 아프다고 소리를 질렀다.

"어깨 빠진 것도 집어넣지 못하는 병원이 무슨 병원이야!"

하면서 나중에는 욕까지 서슴지 않았다. 전조등과 비상등을 켜고 신호를 무시하며 최대한 빨리 달렸다. 할아버지는 통증이 심한 듯 아무 병원이나 들어가자고 재촉했다. 그러다가 의식을 잃자 할머니는 안절부절 못했다.

그렇다고 작은 병원에 가면 또다시 큰 병원으로 가라고 할 것이 뻔해 그럴 수 없었다. 전조등을 상향으로 켜고 최대한 빨리 달렸다. 80km 도로에서, 그것도 고물 소형차가 시속 120㎞에서 140㎞를 오르락내리락했다.

두 눈을 부릅뜨고 사방을 살피며 신호등을 무시하고 마구 달렸다. 나름대로 최선을 다했으나 상당히 위험하기도 했다. 무엇보다 사람을 먼저 살려야 한다는 생각에, 다른 차들이 보내는 경고도 무시하며 그대로 앞만 보고 달렸다. 진땀이 빠작빠작 솟아났다.

그때 1970년 1월 24일 발생한 내 사고가 생각났다. 그러니까 37년 전의 일이다. 기진맥진하여 쓰러져 있는 할아버지가 당시의 나와 같이 느껴졌다.

당시 나는 트럭에 깔렸으나 할아버지는 경운기에 깔렸다. 나는 오른쪽 다리를 다쳤으나 할아버지는 오른쪽 팔을 다쳤다. 나는 고물 시발택시를 타고 덜커덩거리는 비포장 길을 달렸으나 할아버지는 낡은 승용차를 타고 포장길을 달렸다. 나는 그때 죽음의 문턱을 오락가락했으나 할아버지는 지금 의식을 잃고 쓰러져 있다.

"오, 하나님 아버지시여! 37년 전에 진 빚을 오늘 갚게 하시니 감사합니다."

그때 나를 태운 시발택시 기사가 최선을 다해 달렸듯이 할아버지를 태운 나도 역시 진땀을 흘리며 최선을 다해 달렸다. 드디어 포항 병원에 도착했다.

하지만 응급 환자가 너무 많아 다른 병원으로 옮기게 되었다. 할아버지는 더 이상 몸을 가누지 못해 119에서 나온 구급차를 이용했다.

응급조치를 마치고 입원 수속을 밟은 후 할머니와 나는 다시 울진으로 돌아오게 되었다. 돌아오는 중에 할머니는 그제야 한숨 돌린 듯 간간이 웃기도 하였다.

이튿날 마을 사람들의 인사를 받았다. 서로 경쟁이라도 하듯이 동네 할머니들이 물건을 가져왔다. 세 분 이상이 쌀을 가져왔고, 고추장이며 된장, 각종 채소와 산나물도 갖다 주었다.

그 할머니도 병원에서 돌아와 자동차 기름값이라고 하면서 봉투를 들고 왔다. 나는 LPG 차로서 연료비가 얼마 들지 않았을 뿐만 아니라, 한 동네에서 이러시면 안 된다고 정중히 사양하였다.

그리고 잠깐 읍내에 갔다가 돌아와 보니 처마 밑에 쌀이 한 포대 놓여 있었다. 되로 주고 말로 받은 느낌이 들어 내가 도리어 송구스러웠다.

(2007. 5. 14)

에스 6, 광야의 단비

제27편

연민의
강물

881. 가건물

하천 부지에 세워진 가건물이 보였다. 거기서 한 칸을 빌려 내가 사용하려고 정리하기 시작했다. 그때 건물을 통째로 빌려 교회당으로 사용하면 좋겠다는 생각이 들었다. 그 건물 외벽에 이런 플래카드가 붙어있었다.

'가건물 일시 임대, 주인 연락처…'

그 건물은 천막으로 지어졌으며 작고 길쭉했다. 서너 명이 앉을 6자(尺) 의자를 한 줄로 놓을 경우 너덧 개쯤 들어갈 듯했다. 그 옆에 달아낸 가추를 반으로 나눠서 숙소와 주방으로 사용할 수도 있었다.

화장실은 약 5m쯤 떨어진 곳에 따로 있었으며 시장 사람들이 공동으로 사용했다. 내 형편으로 봐서 가장 적당하다고 생각되었다.

오랫동안 기도하며 기다리던 일이라 들뜬 마음으로 물건을 치우기 시작했다. 필요한 것은 최대한 활용하고 꼭 버릴 것만 골라내었다.

그런데 무슨 까닭인지 그 이상 아무 일도 진전되지 않았다. 마음만 분주했지 가시적 결과가 없어 안타까운 마음이 들었다. (2007. 5. 17)

882. 배설물

사람의 항문처럼 보이는 곳에 창자 같은 것이 들락날락거리고 있었다. 그 속에서 똥글똥글하게 말린 배설물 같은 것이 조금씩 밀려 나왔다.

"저것이 한꺼번에 쑥 빠져나오면 오죽이나 시원하겠는가?"

그걸 보면 볼수록 너무 갑갑하고 답답했다. 그래서 창자를 잡고 힘차게 훑어 내렸다. 그러자 흐물흐물한 배설물이 밀려 나왔다. 그때 털실처럼 부드럽고 흐늘흐늘한 돌기들이 창자 밖까지 삐죽이 나와 있었다. (2007. 5. 18)

883. 작은 집

나지막한 언덕 위에 작은 집을 하나 지었다. 하지만 곧바로 입주하지 않고 밖에서 그대로 살았다. 얼마 후 한 가족이 이사를 오려고 하여 말했다.

"보십시오, 우리가 지은 작은 집입니다. 예수님을 영접하고 우리와 한 가족이 되면, 누구나 저기 집을 짓고 살 수 있습니다. 하지만 그 집은 하나님께 드려야 합니다. 거기서 영원히 무상으로 살 뿐입니다.

그러나 예수님을 영접하지 않으면 아예 저기 들어갈 수가 없습니다. 여기서 따로 살아야 합니다. 다행인지 불행인지 모르지만, 여기에 빈집이 많습니다." (2007. 5. 19)

884. 상처 딱지

어떤 일을 해도 제대로 되지 않고 순탄하게 마무리된 적이 없었다. 그래서 날마다 고심하며 힘들게 살아가고 있었다. 그러다가 오늘 새벽, 어쩌면 그 해결책이 될 수도 있는 3개의 조항이 보였다.

1. 할 수 있다 싶거든 스스로 하라!
2. 의심이 생기거든 주님께 맡겨라!
3. 주님께서 하시거든 따라서 하라!

사실 이제까지 나는 누가 뭐라고 하면 솔깃하여 그대로 하거나 즉흥적으로 시행하여 어려움을 겪곤 했다. 그러다가 부질없는 욕심에 빠져 여러 개의 문젯거리를 만들어냈다.

그리고 그것을 해결하느라 온갖 고난과 역경을 맛보았다. 반면에 우유부단하여 좋은 기회를 놓치고 후회하는 경우도 많았다.

오른쪽 다리의 상처 딱지가 둥근 띠 모양으로 벗겨지더니, 왼쪽 다리의 상처 딱지까지 너무나 쉽게 벗겨지는 모습이 보였다.

비록 속에 가려 있어 보이지는 않았으나, 새살이 돋아남과 아울러 죽은 세포들이 딱지로 변해 떨어져 나가는 듯했다. (2007. 5. 20. 주일)

885. 복직

복직을 애타게 기다리고 있다가 비로소 승인이 떨어졌다는 소식을 듣고 옛 사무실을 찾아갔다. 오랫동안 해오던 일이라 일에 대한 부담은 없었다.

홀가분한 마음으로 부서장을 만나려고 하였으나 사람들이 많아 면담이 어려웠다. 그때 먼저 서기관을 만나 얘기를 들어보는 것이 순서라는 생각이 들었다.

그래서 사무실 한쪽에 있는 서기관을 만나 말을 건넸다. 하지만 그도 바쁜 일이 있는 듯 월요일에 다시 보자고 하면서 쌀쌀맞게 대했다. 그리고 겉옷과 가방을 챙겨 들고 서둘러 자리를 떠났다.

토요일 오후 1시였다. 서기관은 일찍 퇴근하였으나 부서장을 비롯하여 일반 직원들은 퇴근할 기미조차 보이지 않았다. 부서장은 계속 사람들을 만나느라 바빴다.

그때 일반 직원들도 많은 일로 눈코 뜰 새 없이 분주하였다. 그들 주변을 서성거리다가 어디 앉을 자리가 있는지 살펴보았다. 하지만 일찍 퇴근한 서기관의 의자 외에는 빈자리가 없었다.

"이런, 빈자리가 하나도 없잖아? 도대체 내가 앉을 자리는 어디 있는 거야? 분명 자리가 있어 승인이 났을 텐데."

하면서 좀 더 사무실 주변을 살펴보다가 아쉬운 마음으로 발길을 돌리려고 하였다. 그때 갑자기 이런 생각이 떠올랐다.

"서기관이 없으면 다른 직원들을 만나보면 되잖아? 그들 가운데 유력한 사무관도 있잖아? 그리고 나중에 부서장을 면담하면 되지. 왜 이 생각을 하지 못했을까?" (2007. 5. 21)

886. 비석

좁은 오솔길 옆 나지막한 언덕 위에, 까만 비석 하나와 그보다 약간 작은 하얀 비석 하나가 나란히 세워져 있었다. 그 비석에 무슨 글씨가 새겨져 있는지 궁금하여 가까이 가서 살펴보았다.

그런데 밑도 끝도 없이, 까만 비석에는 '聖春(성춘)'이라는 글자가, 하얀 비석에는 '項順(항순)'이라는 글자가 새겨져 있었다. 그리고 하얀 비석 아래쪽에 비석을 세운 날인지, 아니면 다른 무슨 날인지 연월일이 있었다.

(2007. 5. 24)

887. 빈 잔의 소명

그러니까 약 2년 전부터, 믿으려 하나 믿을 줄 모르는 사람들과, 믿는다 하나 누릴 줄 모르는 사람들을 위해, '예수 이야기'를 써야 한다는 부담을 가지고 글을 쓰기 시작했다. 그런데 20장도 채우지 못하고 중단하게 되었다.

그리고 얼마 전, 주님께서 다시 그 부담을 주셨던바, '알고 믿어 누리는 예수나라 이야기'라는 제목으로 글쓰기를 시작했다. 아울러 늘 마음 한 구석에 자리 잡고 있는 또 하나의 부담이 있었다. 바로 '예수나라 공동체'였다.

'최소한의 여건만 갖춰지면 공적 예배만이라도 드리면서 글을 쓸 수 있을 텐데.'

라는 생각이 잠자리에서도 떠날 줄을 몰랐다.

오늘도 꿈속에서 주님의 은혜를 사모하다가, 한 공동체 시설을 인수할 요량으로 찾아가게 되었다. 새로 짓는 것보다 어느 정도의 여건이 갖춰진 곳이 여러모로 낫다는 생각이 들었다.

우리가 공동체에 들어서자 청지기로 보이는 목사님 내외가 반갑게 맞아주었다. 잠시 시설에 대한 설명을 듣고 자리를 옮겼다. 그때 원장으로 보이는 부인 목사님이 우리 앞에 무슨 잔 하나를 내어놓으며 말했다.

"누가 이 잔을 마실 건가?"

그것은 주님의 십자가 고난을 의미하는 쓴잔임을 금방 알 수 있었다. 어쩌면 죽음도 각오해야 할지 모른다는 생각이 들었다.

그때 내 양옆에 여종이 하나씩 있었다. 한 여종은 나이가 많았으나 다른 여종은 다소 젊었다. 두 여종은 나를 돕는 일꾼이었다.

그래서 당연히 내가 그 잔을 마셔야 했다. 나는 주저 없이 그 잔을 받아마셨다. 그때 밖에서 다른 일을 보고 막 안으로 들어온 남편 목사님이, 궁금한 듯 누가 잔을 마셨느냐고 다그치며 물었다. 내가 마셨다는 사실을 알고 지극히 당연하다는 듯 말했다.

"그래, 잘했어! 당신밖에 없잖아!"

그런데 놀라운 사실은, 그 잔에 아무것도 들어있지 않았다는 것이다. 완전히 빈 잔이었다. 그러나 그들은 내가 실제로 고난의 쓴잔을 마신 것으로 여겼다. 그래서 나는 의아하여 물어보았다.

"이 공동체를 통째로 넘겨주고 아예 손을 떼시는 겁니까?"

그러자 그들 부부가 말없이 고개를 끄덕였다. 그리고 여기저기 산재한 시설물을 둘러보았다. 그곳은 하나님이 주신 천혜의 보금자리였다.

산이 병풍처럼 빙 둘러싸인 곳으로, 결코 흔들리지 않는 견고하고 널찍한 반석에 공동체가 세워져 있었다. 그리고 사방은 계곡으로 둘러싸여 그 어떤 세력도 침범할 수 없었다. 계곡은 완만하였으나 골은 상당히 깊었다.

또 시설물 중앙에 다소 평지가 있었으며, 아이들이 놀이터로 사용하고 있었다. 한쪽에서 아이들이 그네를 타는 모습도 보였다. 그런데 그네가 너무 높이 올라가고 있었다. 저러다가 떨어지면 어쩌나 하고 걱정이 되었으나 쓸데없는 염려였다.

중학생으로 보이는 여자아이가 다소 여유를 보이면서 한가롭게 그네를 타고 있었다. 그 아이뿐만 아니라 다른 아이들도 아주 익숙하게, 조금도 불편함 없이 평화롭게 놀고 있었다. 그 모습을 보고 나서야 안심이 되어 눈길을 돌렸다.

어둑어둑한 저녁때가 되었다. 우리는 다소 높은 바위에 올라가 주변을 살펴보았다. 그때 이쪽과 저쪽 산기슭에 설치된 서치라이트가 공동체를 돌아가며 비추었다.

정말 난생처음 보는 명당이요, 천하의 절경이었다. 매화꽃인지 벚꽃인지, 산마다 울긋불긋한 분홍색 꽃나무로 덮혀 있었으며, 우리가 있는 마을은 마치 암탉이 병아리를 품고 있는 둥지처럼 느껴졌다.

얼마 후 한낮이었다. 우리는 운동장에서 야외예배를 드렸다. 그때 우연히 옛 직장 팀장 '마지막 밝음'을 만나게 되었다. 너무 반가워 한참 악수하며 손을 흔들었다.

그리고 마을 위쪽에 있는 낡은 집으로 올라갔다. 그때 보이지 않는 분이 우리를 인도했다. 그 집은 안방과 사랑방이 있는 두 칸 홑집이었고, 우리는 사랑방으로 들어갔다.

방안에 할머니 한 분이 이불을 덮고 자리에 누워 있다가 벌떡 일어나 앉았다. 할머니는 연세가 많아 노환으로 자리에 누워 지냈으나, 얼굴에는 주님의 평화가 잔잔히 깃들어 있었다.

자세히 모르긴 하여도, 그 할머니가 공동체의 최고 어른으로 보였다. 어쩌면 그 공동체를 설립한 분인지도 모른다는 생각이 들었다.

잠시 안부를 묻고 이런저런 이야기를 나누었다. 그때 옆방에 있던 사람들이 샛문을 통해 우르르 건너왔다. 그들을 보니 모두 낯이 익었다. 공동체를 섬기는 일꾼들이었다.

그 방을 나와 '마지막 밝음'과 잠시 얘기를 나누었다. 그가 자신이 직접 만든 명함을 건네주었다. 가위로 잘랐는지 네모반듯하지 않고 비뚤비뚤한 것이 어설프다는 생각이 들었다.

하지만 그의 근검절약 정신만큼은 누구나 본받아야 할 것으로 여겨졌다. 그리고 그 명함 가운데 눈에 쏙 들어오는 문구가 있었다. '밝고 맑음'이라는 여성 지도자의 이름과 그 사역에 대한 것이었다.

오늘 날씨는 초여름을 방불케 하였다. 오전에 글을 쓰고, 오후에 낫과 괭이를 들고 뒷산으로 올라갔다. 동네 할머니가 작년까지 농사를 짓다가 묵힌 밭이 있었다.

그 밭을 소개한 할머니에 의하면, 그 할머니는 얼마 전까지 마을에서 주막을 했으며, 고령으로 몸이 안 좋아 병원에 입원했는바, 살아서 돌아오기는 어렵다고 하였다.

그리고 오래전 그 밭에 판잣집 교회당이 있었으며, 할머니 전도사가 살다가 나이 많아 서울로 올라간 후, 임자 없는 땅이 되었다고 했다.

우선 밭으로 들어가기 위해서는 가시넝쿨을 걷어내야 했다. 약 10m쯤 길을 다듬고 보니 과연 안쪽에 10평가량의 집터 흔적이 있었다.

그때 갑자기 속이 매스껍기 시작했다. 괜찮겠지 하면서 잠시 밭둑에 앉았으나 더욱 숨이 가빠지며 헛구역질이 났다. 그 자리에서 뒤로 벌렁 자빠졌더니 하늘이 노랗고 앞이 캄캄했다. 식은땀이 비 오듯 줄줄 쏟아지고 있음을 느낄 수 있었다.

"일을 안 하다가 갑자기 땀을 많이 흘려서 그런가? 아, 사람이 이런 식으로 갑자기 쓰러져 죽는 모양이구나. 하지만 주여! 저는 아직 해야 할 일이 있습니다."

얼마 동안 숨을 헐떡거리다가 호흡이 정상으로 돌아오면서 매스껍던 속도 어느 정도 안정이 되었다. 온몸이 땀으로 흠뻑 젖었다. 얼굴에는 여전히 열기 없는 식은땀이 줄줄 흘러내리고 있었다.

"그래, 다시 시작한 책을 써야 해. 죽기 전에 말이야. 농사를 지으려고 여기 내려온 게 아니잖아. 주님의 경고야. 마지막 때가 성큼성큼 다가오고 있어. 오, 주여! 저를 굽어살펴주소서. 이 종을 통해 주님의 뜻을 이루소서." (2007. 5. 25)

888. 고향 방문

어떤 땅을 사기 위해 알아보고 있었다. 소개인과 협의가 잘 되어 금방이라도 성사되는 듯했다. 하지만 그러다 안 되고 그러다가 안 되기를 반복했다.

특별한 사유도 없이 계속 그렇게 미적거려 답답하기 그지없었다. 그런데 우연히 땅 주인을 알게 되었는데, 소유자가 '삼성(三聖)'이었다.

고양시에 있는 어느 중개사가 손님을 모시고 내려온다는 전갈을 받았다. 아버지의 땅을 보여주기 위해 고향 마을을 찾았다. 그 땅은 200평 남짓한 밭으로 아버지가 57년간 소유한 마지막 위토였다.

오랜만에 찾은 고향, 막상 가보니 마을이 너무 많이 변해 있었다. 마을 언덕에 있던 무덤이 깔아뭉개져 없어지고 그 자리에 고추가 심겨져 있었다. 마을길과 고택들이 모두 새삼스러웠다.

그리고 보니 고향을 떠난 지 어언 30년이 되었다. 옛적의 사람들은 거의 보이지 않았다. 그동안 한 세대가 훌쩍 지나갔던 것이다. 하지만 산천은 그대로였다. 고려 말 학자 길재(吉再, 1353~1419)의 회고가(懷古歌)가 떠올랐다.

'오백 년 도읍지를 필마로 돌아보니
산천은 의구하되 인걸은 간 데 없네.
어즈버 태평연월이 꿈이런가 하노라.'

중개사 일행보다 먼저 도착한 나는 내가 태어난 집을 찾아보았다. 생각보다 너무 초라하고 작았다. 그러니까 80년 전에 할아버지가 손수 지은 집이다. 감나무, 배나무, 고욤나무, 앵두나무 등을 할아버지가 손수 산에서 캐어다 심었다.

그런데 그 나무들이 언제 베어졌는지 보이지 않았다. 감나무와 앵두나무만 쓰레기더미 속에서 근근이 목숨을 부지하고 있었다. 그 나무들도 나이가 많아 버림받은 듯했다.

동쪽에 있던 재래식 화장실은 없어지고 남쪽에 조립식으로 새로 지어져 있었으며, 아래채는 사라지고 그 자리에 비닐하우스가 있었다.

남쪽 언덕의 꼬불꼬불한 마을길은 오래전부터 사람이 다니지 않은 듯 잡초만 무성했고, 집 뒤쪽 담을 헐어 만든 새 길로 다녔다.

거의 다 허물어진 담, 안이 훤히 들여다보이는 사랑방, 창고로 변한 안방과 샛방 등은 사람이 살지 않은 지 꽤 오래되었음을 드러내고 있었다.

시커멓게 그을린 부엌 천정, 밥상이 드나들던 작은 샛문, 안방과 부엌 사이의 광창, 거기 호롱불을 얹어놓고 밤마다 길쌈을 하던 어머니의 모습이 아른거렸다.

그런데 안방 벽에 얹힌 2개의 꾸불꾸불한 통나무 선반은 옛날 그대로 있었다. 살아계시면 120세가 넘었을 할아버지가 40세 전후의 한창나이일 때, 산에서 통나무를 베어 지게에 지고 내려와 거기 얹었을 것으로 여겨졌다.

그러니까 할아버지가 이 집을 지은 후 30년쯤 되었을 때, 20대 초반의 어머니가 어두침침한 호롱불 밑에서 오동통한 허벅지에 길쌈을 비볐을 것이다.

그 당시의 어머니 모습을 나는 기억하고 있다. 거의 다 고인이 되었지만, 동네 아주머니들도 기억하고 있다. 잠시나마 아련한 옛날로 돌아가 그때를 회상하니, 뭐라고 말할 수 없는 감회에 빠져들었다.

"혹시 내가 유명한 인사라도 되었다면 이 집이 어떻게 되었을까?"

무의미하지만 나도 모르게 내 입가에서 잔잔한 웃음이 지어졌다.

그리고 다시 집으로 돌아가는 길에 잠시 길가에 차를 세웠다. 군락을 이루고 자라난 작은 대나무를 자르기 시작했다. 내가 어릴 때의 대나무는 아주 귀한 존재였으나 지금은 어디서나 천덕꾸러기가 되었다.

텃밭에 심은 고추나무의 버팀목으로 세우기 위해서였다. 열댓 개를 자른 뒤 그 그루터기에 손가락이 찔리고 말았다. 서둘러 돌아오면서 중얼거렸다.

"나는 무엇을 하기만 하면 꼭 탈이 나는군! 여기에 내포된 하나님의 뜻이 무엇일까? 사실은 그 하나님의 뜻을 모르기 때문이지. 결국은 기도하지 않는 탓이야." (2007. 5. 28)

889. 용서의 묘약

환상 중에 한 자매의 연락을 받았다. 우리 공동체에서 할 일이 없느냐고 물었다. 그때 일은 많으나 일꾼이 없었는바 다양한 일이 있다고 했다. 그러자 자매가 즉시 우리 공동체에 들어왔다. 그리고 전화 받는 일과 인터넷 업무를 맡았다.

얼마 후 우리 공동체의 일꾼이 30여 명으로 늘어났다. 하지만 넉넉지 못한 생활비로 서로가 어려웠고 공동체도 힘들었다. 마음이 아팠지만 어쩔 수가 없었다. 일꾼이 스스로 떠나거나 생활비를 줄일 수밖에 없었다. 그야말로 슬픈 계절의 기로에 서 있었다.

하지만 일꾼은 일꾼대로 공동체는 공동체대로 어려움을 잘 극복하였다. 생활비는 필요한 만큼 지급되어 가족들이 살아가는 데 큰 어려움이 없었다.

그렇게 얼마의 시간이 지나자 공동체가 활기를 되찾았다. 그때 지난날 그토록 나를 어렵게 하던 사람이 일꾼들 틈에 끼어있어 의외라는 생각이 들었다.

그동안 세월의 바람이 모래밭에 새겨진 원한을 다 지워버렸고, 용서의 묘약이 마음의 상처를 모두 치유하였음을 느낄 수 있었다. 원수는 물에 새기고 은혜는 돌에 새기라는 속담이 새롭게 다가왔다. (2007. 5. 29)

890. 큰 바위

사탄의 훼방이 5월이 다 가도록 기승을 부렸다. 쇠약한 내 심령의 마지막 남은 믿음마저 흔들리게 하였다. 사악하고 더러운 사탄의 졸개들이 6월을 맞아 영원히 사라졌으면 좋겠다.

하루속히 예수나라의 좋은 소식이 온 세상에 전해져서, 사탄의 추종자들까지 모두 예수 그리스도를 믿어 새로운 피조물이 된다면 얼마나 좋을까?

이 세상 모든 사람이 선한 그리스도인으로 바뀌면 정말 좋겠다. 주님이 다스리시는 평화의 나라가 속히 임하면 좋겠다. 몽매무지한 사람을 충동질하여 악의 축에 세우는 사탄이 사라지면 참으로 좋겠다.

나와 내 주변의 사람들이 부지런히 일하고 있었다. 그들 중에 '받아들임'이라는 친구가 있었다. 그를 볼 때마다 그의 바지가 늘 젖어있었다.

왼쪽 주머니와 허리 부분을 제외한 95%가량이 늘 그랬다. 무슨 사유가 분명히 있었으나 나로서는 알 수가 없었다. 그럼에도 바지의 5% 정도와 윗도리는 항상 젖지 않았다.

내 어머니가 집채만 한 바위를 정문으로 옮겨놓았다는 소식을 듣고, 그 큰 바위를 어떻게 들 수 있었는지 의아스러웠다. 그런데 그 바위를 그대로 두려면 외관상 약간 손을 봐야 할 것으로 여겨졌다.

그래서 정문으로 나가 바위를 살펴보았다. 실제로 확인한 결과 모든 것이 완벽하여 손볼 것이 없었다. 가장 적당한 자리에 놓여있었다.

그 큰 바위는 정문 왼편에 2개, 오른편에 1개가 있었다. 원래의 땅과 바위의 바닥이 딱 맞아 더할 나위 없이 안정감을 주었다. 내가 손을 보려던 것도 안정감이 걱정되었기 때문이다.

사실 크고 무거운 바위일수록 안정감이 최우선 고려 사항이었다. 아무튼, 나의 어머니 덕분에 우리 공동체의 정문은 웅장한 규모로 바뀌게 되었다. (2007. 6. 1)

891. 추수

얼마 전에 일사병인지 악성 빈혈인지, 밭에서 일하다가 호흡 곤란을 일으킨 후 속이 매스꺼운 증상이 생겼다. 며칠간 위장약을 먹었더니 속은 다소 편해졌으나, 밥을 먹고 나면 여전히 소화 불량과 복부 팽만감을 느낀다. 아울러 식곤증과 피로감이 쉬 찾아온다.

오래전의 일이다. 왼발 하나로 펄쩍펄쩍 뛰면서 화장실을 가다가 그와 같은 증세로 쓰러진 적이 있었다. 화장실 바닥에 드러누워 한동안 식은 땀을 줄줄 흘리며 어지러움을 느꼈다.

상계동 아파트에 살 때로 1990년 전후로 생각된다. 그 후에도 몇 차례 비슷한 일이 있었으나, 이번에는 후유증까지 생겨 더욱 안타까운 마음이 들었다.

'사람이 살다가 이런 모양으로 죽어가겠지!'

하는 생각이 들었다.

"그러니 한 살이라도 젊을 때 부지런히 일해야 한다!"

라고 주님이 말씀하시는 듯했다.

여종이 고추밭에 김매러 갔다. 홀로 점심을 챙겨 먹고 나니, 아니나 다를까 또 식곤증이 찾아왔다. 의자에 기대어 잠시 눈을 감았더니, 순간 곡식이 누렇게 익은 산하가 눈앞에 나타났다.

전에도 그와 비슷한 환상을 본 적이 있으나 그때는 장면이 멀었다. 이번에는 그 일부를 클로즈업시켜 놓은 듯 가까이서 크게 보였다.

곡식이 충실하게 알알이 잘 영글어 있었다. 순간 곡식들이 물밀 듯 내 앞으로 밀려오기 시작했다. 추수가 시작된 듯하였다. (2007. 6. 2)

892. 장기 우환

후포에 가서 예배드리고, 5일 장을 둘러보며 잔치국수를 사 먹었다. 그리고 꽁치 30마리를 5,000원에 사 돌아왔다. 어촌이라 생선이 무진장 쌌다.

내가 사는 마을에는 사람들이 민물고기를 즐겨 잡아먹는다. 하루에도 몇 번씩 고기 잡는 사람들이 우리 집 앞을 지나간다. 나도 가끔씩 파리 낚시를 던져보지만, 낚싯대를 산 첫날 피라미 1마리를 잡은 것이 고작이다.

집에 돌아와 낮잠을 자다가 꿈을 꾸었다. 동창생 '만사 오케이'와 어디를 여행하려고 비행기를 탔다. 비행기 계단을 오르는 순간 시체가 든 관을 맨 사람들이 서둘러 우리 옆을 지나가며 소리쳤다.

"장기 우환이야!"

그리고 우리는 비행기 좌석을 찾지 못해 아래층으로 내려가고 있었다. 그때 또 하나의 운구 행렬이 계단으로 올라오면서 소리쳤다.

"장기 우환이야!"

그때 정황상 '장기 우환'이라는 사람이 죽은 것처럼 보였다. 그런데 먼저 본 운구 행렬이 내려왔다가 다시 올라간 것인지, 아니면 다른 '장기

우환'이 죽어 새로 올라간 것인지 알 수 없었다. (2007. 6. 3. 주일)

893. 정금 임무

'정금 임무'라는 노처녀 선생님을 중매하려고 맞선 일자를 잡았다. 이틀간의 여유가 있어 내가 먼저 그 선생님을 만나보고 싶었다. 그래서 휴대폰으로 문자메시지를 보냈다.

그러나 본의 아니게 그것이 문제가 되었다. 메시지 내용의 일부가 보통 사람은 도저히 이해할 수 없는, 어쩌면 무슨 그림 같기도 하고 하늘나라 글자 같기도 한, 그야말로 이상한 문자로 바뀌어 벽에 나타났기 때문이다.

그때 부모를 무시한다고 오해한 아버지가 나를 위협하기 시작했다. 처음에는 겁을 주려는 것으로 이해했으나 그게 아니었다. 급기야 날카로운 흉기가 내 턱에서 목으로 내려가고 있었다. 평소의 아버지와는 전혀 딴판이었다.

"아버지, 제가 잘못했습니다."

하고 용서를 빌었다. 그러자 아버지가 내게서 물러났다. 하지만 노기는 여전히 풀리지 않은 듯했다. 그때 20대 초반에 요절한 동생이 그 광경을 쭉 지켜보고 있었다.

잠시 후 동생보다 먼저 돌아가신 할머니가 우리 방으로 들어오셨다. 할머니는 내가 젖을 뗄 무렵부터 함께하기 시작하여 청소년 시절까지,

그러니까 내가 고향을 떠나기까지 줄곧 나와 함께 지냈다.

내 동생은 나보다 2살 아래로 1년 후배였다. 오랫동안 나와 함께 자취하며 공부한 친구 같은 사이였다. 그래서 그런지 나와 할머니와 동생은 아주 각별한 사이였다.

동생이 그동안 있었던 일을 할머니께 대충 말씀드리고, 나를 도와줄 방안을 찾는 듯했다. 내 사정을 이해하고 도우려는 가족이 내 옆에 있다는 사실을 알고, 나는 힘을 얻어 그곳을 벗어나야겠다는 생각이 들었다.

인간적으로 봐도 노한 아버지를 진정시킬 사람은 할머니와 동생이 적격이었다. 아무리 모진 사람이라도 자기 어머니와 아들의 간청만은 쉽게 물리치기 어려운 것이 인지상정 아닌가?

그때 나는 내가 빠져나갈 희망이 생겼다는 자신감으로 가득 차 있었다. 잠시 후 드디어 그곳을 벗어날 기회가 생겼다. 그래서 오랜만에 만난 동생과 석별의 정을 나누었다.

"1주일에 한 번씩 연락하며 지내다가 다음에 꼭 만나자."

그렇게 내가 살던 집에서 빠져나온 나는, 결국 '정금 임무'를 만나게 되었다. 모든 일이 잘되고 있음을 금방 알 수 있었다. 그런데 아쉬운 점은, 모든 일이 순조롭게 진행되고 있었으나 서류 상태가 좀 부실했다. 그러니까 주소 하나도 제대로 표기되지 않았던 것이다.

'포항북도 경북도시…'

그뿐만 아니라 틀린 곳을 수정하고 또 수정하여 셀 수도 없이 시뻘건 도장이 찍혀 있었다. 게다가 수정한 글자마저도 오탈자가 수두룩했다.

가능한 한 완전하기를 바라는 내 스타일과 전혀 맞지 않았다. 하지만 누구 하나 그것을 트집 잡아 지적하는 사람이 없었다. 모두가 문서상의 요식보다는 실제의 결과에 관심을 두는 듯했다.

"그래, 사실이 그렇지 않은가? 결과가 좋으면 다 좋은 것을! 풍성한 열매를 맺으면 좀 부실한 절차나 의식은 다 묻어질 수 있어!" (2007. 6. 4)

894. 진급

바로 위의 기수가 제대하여 우리가 최고참이 되었다. 제대를 얼마 앞두고 보초 서던 어느 날, 이웃 부대의 초병이 전화를 걸어 다짜고짜 물었다.

"'사랑과 영화'를 아느냐?"

어디서 들어본 것 같기도 하고 생판 처음 듣는 것 같기도 하여 주춤거렸더니, 나와 함께 제대할 기수라고 하면서 이제 딱 한 달 하루가 남았다고 기뻐했다.

그러고 보니 그도 나와 함께 제대할 동기가 맞았다. 그런데 이상한 일은, 내 동기들은 다 제대할 계급으로 진급하였으나, 나만 홀로 졸때기로 있었다는 것이다.

"아이 씨, 왜 나만 홀로 계급이 그대로야? 에이, 그럴 수도 있지 뭐. 같은 기수라도 진급이 빠르고 늦을 수 있지. 잘 모르긴 하여도, 제대하기 직전에 슬며시 진급할 수도 있을 거야." (2007. 6. 6)

895. 밝은 본보기

언덕 위에 아담한 집이 있었다. 중개인과 계약하고 계약금을 지급했다. 그때 이상한 소문이 들렸다. 주인이 집 옆에 있던 밤나무를 베어낸 후 부인이 까닭 없이 죽었던바, 재수 없는 집이라고 소문이 나서 팔았다는 것이다.

게다가 그 집을 차지하려는 어느 단체의 본부와 지부가 쟁탈전을 벌이고 있으며, 그 상태가 매우 위험한 수준이라고 했다. 그 얘기를 듣자 집을 살 생각이 싹 가셔 버렸다.

그리고 얼마 후, 집주인을 만나 보니 동기생 '밝은 본보기'였다. 그도 집을 계약한 사람이 나라는 사실을 알고 깜짝 놀라는 눈치였다.

"뭘 하려고 그 집을 샀어?"

하면서 스스로 계약금을 돌려주었다. 그러지 않아도 계약을 해지하려던 차에 너무 고마웠다. 집값이 3천만 원으로 돌려받은 계약금은 3백만 원이었다.

그 돈은 수표였고 큰 봉투 속에 들어있었다. 수표를 확인하려고 봉투를 펼쳐 보았다. 하지만 아무리 찾아도 수표가 보이지 않았다.

그때 그 집을 차지하려는 단체의 본부와 지부 사람들이 전쟁을 일으켰다는 소문이 들렸다. 단순히 이권 다툼을 위한 싸움이 아니었다. 민족이 민족을, 나라가 나라를 대적하여 일어난 큰 난리처럼 느껴졌다.

그들이 금방이라도 내가 있는 곳까지 밀어닥칠 듯했다. 누가 아군이고 적군인지 몰라 더욱 난감했다. 어쩌면 그들이 모두 적일 수도 있었다.

그럼에도 나는 여전히 돌려받은 수표에 미련이 있었다. 하지만 아무리 애써도 찾을 수가 없었다. 머뭇거릴 시간이 없어 그대로 가방에 쑤셔 넣었다.

수표를 넣은 봉투가 너무 커서 가방에 잘 들어가지 않았다. 가방을 잠그는 자물쇠마저 말을 듣지 않았다. 누가 볼세라 그냥 의자 밑으로 밀어넣었다.

그때 어떤 사람이 내가 있는 방으로 들어왔다. 키가 작고 허리가 약간 구부러진 남자로 눈매가 매서웠다. 야인 시대에서 보았던 '시라소니'(이성순, 1916~1983) 같았다. 그가 슬그머니 들어와 한쪽에 앉더니 말했다.

"뭘 그리 두려워해? 아무것도 염려하지 마!"

하면서 연신 고개를 흔들었다. 그 말투와 행동으로 봐서 나를 해칠 사람은 아닌 듯했다. 오히려 도와줄 사람처럼 보였다. 아무튼, 나는 그 계약으로 인해 많은 어려움을 겪었다. (2007. 6. 9)

896. 참 마무리

어느 곳에 투자하고 기다렸으나 아무 소식이 없어 찾아가 보았다. 아니나 다를까 거기 금융 사고가 있었고, 벌써 많은 피해자가 몰려와 북적거렸다.

그때 한 사람이 조사를 받는 것인지 조사를 하는 것인지 분명치 않았으나, 어떤 사람과 마주앉아 카드를 작성하는 모습이 보였다. 무엇을 물어보면서 기록하였는데, 작은 붓으로 두텁고 노란 양식에 빠르게 빈칸을 채워갔다.

나는 여전히 사람들 틈에서 그 상황을 지켜보고 있었다. 그때 어떤 사람이 누군가의 멱살을 잡고 문 밖으로 밀며 나가는 모습이 보였다.

"바로 이놈이야. 이놈이 우리에게 사기를 쳤어!"

그러자 주변에 있던 사람들이 술렁거리기 시작했다. 그들 중 일부는 아예 그 뒤를 따라 밖으로 나가는 모습도 보였다.

"아, 그렇다면 이것으로 끝이란 말인가?"

하면서 속으로 한숨을 쉬었다. 그때 나와 함께 마지막까지 자리에 남은 사람이 있었는데, 그가 아무도 모르게 내가 투자한 금액만큼 슬쩍 건네주면서 얼른 가지고 가라고 했다.

그동안 내가 얼마나 노심초사하며 기다렸던가? 나는 뭐라고 말할 수 없는 야릇한 기분에 도취되어 한없이 기뻤다. 내가 받은 돈이 현금인지 수표인지 몰랐지만, 아무튼 나는 내가 투자한 금액을 돌려받은 것이 분명하였다.

그렇게 홀가분한 마음으로 그곳을 빠져나오자 동녘이 밝아왔다. 내가 나온 곳을 돌아보니 먼지가 자욱하였다. 아침 햇살이 비치자 하얀 물안개가 피어오르는 듯했다.

그러고 보니 얼마 전 거기 무슨 사고가 있었으며, 사고 후 상당한 시간이 지났음에도, 아직까지 먼지가 올라오고 있었다. 그동안 내가 거기서 죽치고 있었던 시간을 생각하니 아찔하여 상상조차 하기 싫었다.

그곳을 벗어난 나는 더욱 상쾌한 기분으로 아침을 맞이했다. 뜬눈으로 그 건물 안에서 밤을 지새운 나날들이 새록새록 떠올랐다. 손목시계를 보니 시침과 분침이 가로로 일직선상에 있었다. 9시 15분을 가리켰다.

그러는 사이에 모든 사람이 출근한 것으로 보였다. 그때 나는 퇴근을 하려고 운동장으로 걸어 나갔다. 밤을 지새운 탓에 당연히 퇴근하는 것으로 여겼으며 조금도 어색하지 않았다.

전날 당직을 서거나 야근한 사람처럼 떳떳하게 생각했다. 그래서 나는 내 차가 있는 주차장을 향해 당당히 걸어갔다. 하지만 차를 세워둔 곳이 생각나지 않았다. 머릿속이 하얗게 변해 있었다. 너무 신경을 써서 그런지 인지 장애가 심각했다. 그래서 주차장을 향해 막연히 걸어갔다.

그런데 나도 모르게 내 차 앞에 서 있었다. 별도로 떨어진 기관장 전용 주차장 바로 옆이었다. 다행히 기관장 차는 보이지 않았다. 다만 그 옆으로 부서장들의 차가 쭉 있었다.

내 차는 앞바퀴가 뒤틀어진 상태로 후진으로 서 있었다. 모르긴 하여도 차를 급히 세우고 들어간 듯했다. 대형 세단들이 질서정연하게 가지런히 세워진 옆으로, 낡고 오래된 고물차가 제멋대로 세워진 모습이 민망하였다. 그래도 그것이 대수롭지 않다는 생각이 들었다.

차 문을 여는 순간 유리에 무엇인가 끼워져 있었다. 장애인 표지판 뒤에 주차 위반 딱지가 붙어 있었다. 벌금을 내라는 것은 아니고 주차 관리원이 경고용으로 끼워둔 것이었다.

딱지를 떼는 순간 뒤에서 부르는 소리가 있었다. 돌아보니 '참 마무리'라는 경비원이었다. 내가 잘 아는 사람이었다. 그가 말했다.

"발아래 밟혔어요!"

무엇인가 하고 아래쪽을 보았더니 작은 박스가 하나 있었다. 야근한 직원들에게 제공되는 특식이었다. 그리고 보니 나는 밤새도록 음식을 입에 대지 않았다. 시장기를 느꼈다.

"음, 차를 타고 가면서 먹으면 되겠군. 고마워요!"

하고 손을 들어 인사했다. (2007. 6. 12)

897. 사랑의 복음

'복음을 전한 기자들'이라는 영광의 반열에 든 사람이 10명쯤 되었다. 그중에서 가장 돋보이는 사람은 '사랑의 사도'라 불린 요한이었다.

요한은 일찍이 가장 아름다운 '사랑의 복음'을 고이 간직하다가, 후대에 그대로 전해준 제자로서 가장 존귀하게 여겨졌다.

그런데 근래에 새로운 자료가 발견되어 재론의 여지가 생겼다. 다름 아닌 요한이 후대에 전한 '사랑의 복음'은, 애당초 예수님이 가지고 계시다가 돌아가시기 직전에 요한에게 맡겼다는 것이다.

그러므로 요한이 전한 '사랑의 복음'은 요한의 메시지가 아니라 예수님의 메시지인바, 요한의 영광은 당연히 재고되어야 한다는 논리였다.

사실 예수님은 이미 자신에 대한 '사랑의 복음'을 가지고 계셨는바, 처음에는 친히 가르치다가 승천하실 때가 되어 그대로 요한에게 전해주셨다.

그에 대한 직접적 증거는 없으나, 1세기에 기록된 예수님의 어록과 요한이 전한 '사랑의 복음'이 정확하게 일치한다는 점을 들어 의심의 여지가 없다고 하였다.

그러므로 '사랑의 복음'을 전한 분은 예수님이며, 요한은 단지 예수님이 믿고 맡기신 복음을 그대로 보관하다가 후대에 전한 사람에 불과하다는 것이다.

그래서 그에 따른 논쟁이 또 하나 불거졌다. '복음을 전한 기자들'이라는 명단에 예수님의 이름을 추가로 넣어야 하느냐, 넣지 말아야 하느냐에 대한 문제였다.

예수님의 이름을 추가로 넣어야 한다고 주장하는 사람들의 의견은 이러했다. 세상에서 가장 아름다운 복음, 즉 복음 중의 복음은 예수님이 요한에게 맡기신 것인바, 당연히 그 영광을 예수님께 돌려야 한다.

반면에 예수님의 이름을 넣어서는 안 된다고 주장하는 사람들의 의견도 있었다. 비록 '사랑의 복음'이 예수님의 것이라 하여도, 그 복음을 받아 자신의 책임을 다한 요한의 공적은 그 자체로 손색이 없다는 것이다.

게다가 예수님은 하나님의 아들로서 '사랑의 복음' 그 자체인바, 피조물이 받을 명단에 굳이 들어갈 필요가 없다는 것이다.

그때 나는 그 논쟁을 주의 깊게 끝까지 들어보았다. 양쪽의 주장이 다 일리가 있고 명분도 있었기 때문이다. 그런데 그 결론은 내가 미처 생각지 못한 것이었다. 양쪽의 주장이 서로의 관점에 따라 각자 일리가 있고 크게 다르지도 않았는바, 그 주장을 다 반영할 수밖에 없다고 했다.

나는 이것이냐, 저것이냐 하는 이원론적 결과만을 생각하고 있었다. 어느 한쪽이 부끄러움을 당해야 적성이 풀릴 듯했다. 그런 내가 참으로 부끄럽다는 생각이 들었다.

모든 사람의 의견을 다 들은 후에 조용히 나온 결과는 이러했다.

"애당초 복음을 전한 기자들의 명단과 그중에서 가장 존귀하게 여겨진 '사랑의 사도' 요한의 이름에는 아무 변함이 없다. 다만 요한을 포함한 모든 기자들 이름 위에 더욱 빛나는 이름은 역시 예수 그리스도시다."

(2007. 6. 13)

898. 동굴 속에서

어두침침한 동굴 속에서 귀신들에게 쫓고 쫓기는 싸움을 계속하고 있었다. 내 옆에서 돕는 사람도 있었으나 큰 힘이 되지는 못했다. 그 귀신들은 나무나 바위 등 아무 데나 철썩 달라붙어 살아가고 있었다.

나는 창을 들고 이리저리 쫓아다니며 귀신 소탕 작전을 벌였다. 그런데 갑자기 그 많던 귀신이 하나도 보이지 않았다. 귀신이 붙어있던 바위를 긁어보았으나 그 흔적만 남아있을 뿐 그냥 바위뿐이었다. 혹시나 하고 다시 한 번 긁어보았으나 역시 없었다. 그 자리에서 죽었는지 아니면 이사를 갔는지 알 수 없었다.

귀신이 붙어있던 나무들도 창으로 찔러 보았으나 거기에도 없었다. 오랫동안 붙은 관계로 끈적끈적하고 칙칙한 흔적만 남아있을 뿐 아무것도 없었다. 혹시나 하고 다시 한 번 찔러보았으나 그냥 나무껍질이었다.

"음, 귀신들이 정말 사라졌구먼!"

하고 동굴 밖으로 나오며 땅바닥을 보니, 곳곳에 흰 천으로 둘둘 말린 것이 널려 있었다.

"이게 뭐야?"

하면서 하나를 툭 건드려 보았더니 꿈틀거렸다. 무슨 시체를 말아놓은 듯했다. 그런데 가만히 두면 그대로 있었으나 건들면 움직였다.

"음, 건들면 안 되겠군. 어서 밖으로 나가자!"

하며 동굴 속에서 빠져나와 먼저 나온 자매를 찾았다. 그런데 그 자매가 보이지 않았다. 쭉쭉 뻗은 나무들 사이로 안개비가 부슬부슬 내렸다.

산속 오솔길을 걸으며 길가에 서 있는 사람들을 살펴보았으나 역시 없었다. 그때 사람들 사이에서, 그 자매가 고등학생 하나와 앞으로 나오며 말했다.

"이제야 나오셨어요? 우리가 얼마나 기다렸는데."

"그래?"

하면서 우리는 서둘러 차를 세워둔 신작로를 향해 걸어갔다. 우선 자매의 딸로 보이는 그 여학생을 학교까지 태워다주어야 했다. 평소보다 발걸음이 한결 가볍다는 느낌을 받았다. (2007. 6. 19)

899. 오두막 교회

총무로서 임기를 마치고 인계한 단체의 공문을 받아보니, 신임 총무의 이름 옆에 내 이름이 그대로 있었다. 그걸 보고 어떤 사람이 물었다.

"아직도 총무를 맡고 있나?"

"아니요, 3명이 총무를 번갈아 하다가 보니 내 이름이 그대로 있었을 뿐입니다. 사실 총무를 할 사람이 3명밖에 없습니다. 전임, 신임, 후임으로 말입니다."

그리고 지방으로 이사하여 그 단체의 총무를 아주 그만두었다.

이후 길을 가다가 보니 아버지가 교회 간판을 들고 따라왔다. 출입구 벽에 거는 길쭉한 나무 현판이었다.

"아니, 이 두메산골 오두막집에 간판부터 걸 셈이신가? 그러면 여기서 당장 예배를 드려야 하는데. 오, 주여! 그렇습니다. 주님의 뜻입니다."

(2007. 6. 24. 주일)

900. 자갈밭

척박한 자갈밭에 씨앗을 뿌렸더니 그런대로 무럭무럭 자라났다. 그중에서 특히 무 3포기가 잘 자랐다. 얼마 후에 보니 큰 무가 되었다. 잎도 무성했고 뿌리는 더욱 튼실했다.

그리고 배춧잎을 돌돌 말아 김치를 담가 두었다. 얼마 후에 보니 그럭저럭 잘 익었다. 쟁반에 담아 들고 나왔더니 한 자매가 다가와 하나를 집어 펼쳤다. 그러자 그 배춧잎이 살아있는 것처럼 쭉 펴졌다. (2007. 6. 25)

901. 엑스트라

무대 출연자들이 모여 무엇인가 숙의하는 모습이 보였다. 들어보니 주연 배우에 관한 문제였다. 신인을 뽑아 주인공을 시켰더니 기대에 못 미쳤다는 것이다. 그때 어떤 사람이 내게 다가와 귀띔하기를, 주인공이 부실하면 엑스트라 중에서 발탁될 수 있다고 했다.

그 말을 듣고 나 자신을 돌아보게 되었다. 내가 바로 그가 말한 엑스트라 가운데 하나였기 때문이다. 그래서 이제까지 엑스트라를 맡은 사람들을 쭉 훑어보니, 엑스트라 중에서도 주연과 조연, 그리고 엑스트라가 또 있었다.

주연 엑스트라는 주연 배우가 부실할 경우 주인공으로 발탁될 가능성이 있었으며, 조연 엑스트라는 주연 엑스트라까지 부실할 경우 발탁될 수 있었다. 하지만 그 확률은 상당히 낮아 보였다. 엑스트라의 엑스트라는 형식상 두기는 하였으나 그 가능성은 매우 희박하였다. (2007. 6. 26)

902. 거룩한 머리

직원을 줄인다는 소문이 파다하게 들렸다. 여기저기서 술렁거리기 시작했다. 모든 사람이 노심초사하며 불안해하는 모습이 역력했다. 그런데 아무렇지 않게 생각하는 사람이 있어 눈길을 끌었다. '거룩한 머리'라는 직원이었다.

그는 나와 비슷한 시기에 입사하였고 나이도 엇비슷했다. 그만 아무 일도 없다는 듯 태연자약한 모습을 보여 이채를 띠었다. 어디 믿는 데가 있느냐고 묻자 그가 대답했다.

"그러니까 20년 전, 여기서 사병으로 근무하다가 정식 직원으로 채용되었습니다. 돌이켜보면 다 주님의 은혜지요. 그 후 저는 여기가 바로 주님이 주신 사역지라 생각하고 열심히 일했습니다.

그런데 부득이한 사정에 의해 직원을 감축한다니, 제가 어찌 남의 일로만 여길 수 있겠습니까? 제가 감원 대상이 된다면 어디까지나 하나님의 뜻일 것이며, 모르긴 하여도 하나님께서 이미 저와 제 가족을 위해 다른 일을 준비하셨을 겁니다.

그렇지 않고 제가 여기서 그대로 일하게 된다면, 더욱 분발하라는 뜻으로 생각하고 열심히 일할 것입니다. 이는 제가 이때껏 살아오며 체험한 사실로서, 모든 것이 합력하여 선을 이루시는 하나님을 믿기 때문입니다. 그러니 이래도 감사, 저래도 감사할 따름입니다." (2007. 6. 29)

903. 작은 땅

공동체를 위한 일인지, 다른 무슨 목적이 있는지 분명치 않았지만, 여기저기서 좋은 땅을 골라 살펴보고 있었다. 땅들은 모두 기름진 밭으로 푸른 초원이었다.

그런데 유독 색다른 곳이 하나 있었다. 계절은 분명히 여름이었으나 개천가 작은 땅에 흰 눈이 덮여있었다. 눈을 비비고 다시 보았으나 분명히 그 땅에 눈과 얼음이 수북이 쌓여있었다. 오직 그 땅만 한겨울 안에 있었다.

그 땅은 오랫동안 풍수로 인해 포락된 듯 개천인지 밭인지 경계가 불분명했다. 약간 불룩하게 솟은 부분은 그야말로 손바닥만 한 작은 땅이었다.

그나마 양쪽으로 갈라져 길쭉하게 2필지로 나뉘어 있었다. 수북이 쌓인 눈으로 실제의 땅은 볼 수 없었으나 거의 쓸모없는 불모지로 여겨졌다.

그런데 주님께서 그 땅을 자꾸 주목하게 하셨다. 무슨 영문인지 알 수 없었으나 분명한 사실은, 내 생각과 주님의 뜻이 다르다는 것이었다.

거울을 보니 내 머리털이 소가 풀을 뜯어 먹은 듯 듬성듬성한 것이 우스꽝스러웠다. 1970년대 드라마에서 나왔던 '영구' 같았다. 왜 그렇게 되었는지 나도 몰랐으나 평소 외모에 관심을 크게 두지 않았던바, 대수롭지 않게 여겨 그냥 지나치려고 했다.

"음, 당분간 머리가 자라야 다듬어지겠군!" (2007. 7. 2)

904. 어려움 제로

큰 강 같기도 하고 바다 같기도 한 어느 곳에 돌다리가 하나 있었다. 그 다리 위에서 물속을 내려다보니 내 형제와 자매들이 여기저기 흩어져 있었다. 그중에서 막내 같기도 하고 딸 같기도 한 아이가 물속에서 다소 여유로운 모습으로 책을 읽고 있었다.

"저러다가 숨이 막히면 어떻게 하려고…"

조마조마하게 지켜보았더니 한참 후에 물 밖으로 얼굴을 내밀어 숨을 쉬었다. 그리고 다시 물속으로 들어가 책을 보았다. 그때 자매의 다급한 목소리가 들려왔다.

"오빠, 애들 아빠가 술만 마시면 집에 불을 지른 후 죽는다고 해요. 어떡하면 좋아요?"

나는 지체하지 않고 즉시 대답했다.

"자고로 사람이 죽는다고 하는 말은, 예수 그리스도 안에서 자신은 죽고, 주님의 생명으로 다시 태어나는 경우에만 사용할 수 있도록 허용된 것인즉, 그 말을 듣고 가만히 두어서는 안 된다."

"그러면 어떻게 해요?"

"그런 말을 할 때마다 그대로 있지 말고 즉각 가로막아야 한다."

그때 그렇게 말하고 있는 내가 오히려 그 말을 지키지 못하고 있을 뿐만 아니라, 내 본연의 사명을 제대로 감당하지 못하고 있다는 생각이 들어 매우 답답함을 느꼈다.

"어디 상담이라도 해줄 수 있는 방이 하나 있었으면."

그리고 주변을 둘러보니, 군데군데 기름진 밭과 척박한 땅이 뒤섞여 있었다. 먼저 기름진 밭을 보니 짐승들의 배설물이 쌓여있어 지저분하기 그지없었다.

하지만 얼마의 시간이 지나자 그 배설물이 썩어 유기질이 되었고 그 밭을 기름지게 만들었다. 그런데 깨끗한 땅은 늘 척박하여 먼지만 날렸다.

아버지로부터 책망을 받고 의기소침하여 아무 일도 하지 못했다. 그때 내 옆에서 사람들이 낡은 농가 주택을 수리하느라고 분주했다.

본체와 헛간을 뜯어고치고 버려진 건조실까지 미장을 새로 했다. 오래된 흙벽에 시멘트가 일부 발라지긴 하였으나 그 위에 다시 연분홍색의 시멘트가 발라지고 있었다. 어느덧 집수리가 막바지에 이른 듯했다.

그렇게 오전 일이 끝나고 오후 일이 시작되었다. 일꾼들 중에서 책임자로 보이는 '어려움 제로'라는 사람이 말했다.

"이렇게 부지런히 하면 오후에 마무리된다!"

그때 나는 우두커니 서서 그들의 일하는 모습만 지켜보고 있었다. 그러다가 나도 무엇인가 해야 한다는 생각이 들었다. 일을 맡긴 주인으로 보이는 아버지가 안쓰럽다는 듯 말했다.

"왜 그렇게 가만히 보고만 있느냐? 이미 한나절이 지났다. 세수도 안 하고."

아버지의 말씀을 듣고 나는 비로소 발을 떼기 시작했다. 아래쪽 공사 현장을 둘러보면서 신작로에 들어서자 한 자매가 다가와 팔짱을 끼고 함께했다.

자연스럽게 이야기를 나누며 언덕 위에 있는 오두막집을 방문했다. 그곳에도 내가 아는 자매가 있었는데, 아이들을 돌보느라 겨를이 없었다.

잠시 낮잠을 자다가 또 꿈을 꾸었다. 바위투성이 산에서 길을 잃고 이리저리 헤매고 있었다. 길이 너무 험했다. 일행 가운데 일부는 위험할지 모르는 미지의 동굴 속으로 들어갔다. 나도 그들과 함께 들어가려고 머뭇거렸으나 동굴까지 내려가는 길도 역시 만만치 않아 포기하였다.

그리고 그냥 앞으로 쭉 갔더니 낭떠러지가 있었다. 낭떠러지 아래쪽에서 사람들의 소리가 났다. 내려다보니 조금 전에 동굴 속으로 들어갔던 그들이 그곳으로 나왔다. 그래서 나는 위쪽 절벽에, 그들은 아래쪽 절벽에 있었다.

나는 어떻게 하든지 그들이 있는 곳으로 내려가야 했다. 하지만 내려가기가 만만치 않았다. 그러고 보니 그들이 나보다 조금 앞질러간 듯했다.

포기할까 하였더니 그들을 인도할 책임이 내게 있다는 사실이 불현듯 떠올랐다. 목적지에 도착하려면 반드시 내가 있어야 하고, 모든 일이 마무리될 듯했다. 그래서 죽으면 죽을지언정 꼭 가야 한다는 생각이 들었다.

"그래, 어차피 가야 할 길이라면 위험을 무릅쓰고 저들보다 내가 먼저 내려가야 한다!"

이렇게 생각하자 어느새 내가 그들보다 앞서 내려가고 있었다. 그리고 잠시 후에 보니 이미 신작로에 내려가 그들과 함께 걸어가고 있었다. 언제 그렇게 힘들고 어려운 일이 있었는가 싶었다. (2007. 7. 4)

905. 최선의 기력

요 며칠 동안 사탄의 방해를 계속 받았다. 어느 지하실 로비에서 힘이 빠져 쓰러지자 어떤 사람이 다가와 부축해 주었다.

"이제 내 기력도 얼마 남지 않은 모양이야!"

하면서 일어나 보니, 나보다 5살 많은 '최선의 기력'이었다. 그를 보는 순간 건강관리를 제대로 하지 못한 내가 너무 부끄러웠다. 한 번에 두세 개 계단을 건너뛰면서 서둘러 지상으로 올라갔다.

그때 지하실에 여러 사람들이 있었는데, 무슨 세미나를 하는 듯했다.

(2007. 7. 8. 주일)

906. 점진적 열정

오래전부터 주 안에 있는 친구 '점진적 열정'이 찾아왔다. 그도 나만큼이나 어려움을 겪고 신학을 공부한 사람이었다. 그는 평소 입버릇처럼 이렇게 말했다.

"이 세상에 있는 모든 것을 다 잃어도 예수 그리스도만 확실히 붙잡으면 된다!"

어느 날 빚 독촉에 못 이겨 그의 아내가 자살을 했다. 장례식장을 찾아가 보았더니 외아들과 단둘이 상가를 지키고 있었다. 그럼에도 여전히 담담하게 말했다.

"우리는 예수 그리스도만 붙잡으면 된다."

이후 그는 외아들을 홀어머니에게 맡기고, 1평도 안 되는 고시원에 들어가 살았다. 그리고 낮에는 공직 생활을, 밤에는 신학교를 다니며 공부했다.

나는 2000년 6월에 명예퇴직을 하면서 그와 헤어지게 되었다. 처음에는 가끔씩 안부 전화도 하였으나, 서로가 너무 어렵게 살다가 보니 서서히 연락이 끊기고 말았다. 그러고 보니 벌써 7년이 지났다.

그런데 그가 느닷없이 내 앞에 나타난 것이다. 참으로 반가웠으나 한편으로는 당황스러웠다. 아무리 어려워도 말끔하고 평화로운 모습을 유지하던 그의 얼굴이 온통 상해 있었기 때문이다. 하지만 나는 그의 외모에 개의치 않고 이렇게 물어보았다.

"아니, 이게 어찌 된 거야? 이제 목사님이 되었겠지? 지금 어디서 사역하는 거야?"

그러자 그는 대수롭지 않다는 듯 특유의 스타일로 조용히 대답했다.

"아니야."

"그러면 아직도 전도사야?"

"응."

나는 그가 신학을 공부했으니 당연히 목사가 되었을 것이고, 그에 따른 대접과 보수를 받을 것이라 생각했다. 하지만 그는 그에 아랑곳하지 않고 여전히 전도사로 봉사하고 있었다.

'목사라는 내가 전도사라는 당신보다 나은 게 무엇인가?'

이렇게 생각하니 부끄러운 마음이 들었다. 그를 바라보니 그의 얼굴에 주님의 평화가 잔잔히 흐르고 있었다. 곰보같이 상한 얼굴이 어찌 그리 아름답고 평화로운지 새삼 놀랐다. 그의 영성은 결코 외모가 아니었다.

그때 3명의 손님이 찾아왔다. 나가보니 '신(神)'을 비춰주는 거울'과 '태어날 때부터 주어진 인연', 그리고 '완전하기 위한 세 사람'이었다. (2007. 7. 9)

제28편

지혜의
향기

907. 아버지와 아들

눈을 감는 순간 흉흉한 황토물이 보였다. 모든 것을 다 삼킬 듯했다. 그러다가 점차 물이 맑아지더니 얼마 후 아주 깨끗하게 되었다. 물이 맑아 좋기는 하였으나 물의 양도 줄어 작은 개울로 바뀌었다.

그때 눈을 들어보니 앞에 큰 소(沼)가 있었다. 사해와 같이 물을 받아들이기만 하고 내보내지는 않는 듯했다. 그 물은 조금도 움직이지 않았고 바닥은 끝이 없어 보였다. 흉흉한 황토물이나 시퍼런 물이 무섭기는 매한가지였다.

아들을 지극히 사랑하는 아버지가 계셨다. 하지만 아들은 아버지를 기쁘게 해드리지 못했다. 아들은 하는 일마다 실패를 거듭했고, 아버지는 아들을 끝까지 믿고 도와주었다.

그런데 아들이 하는 일을 보니, 자기는 늘 손해를 보면서도 남을 이롭게 하였다. 그렇게 실없는 일을 계속하고 있었다. 게다가 그에 따른 무슨 대가나 앞으로 무엇을 기대할 것도 없었다.

그저 그렇게 그때마다 주어지는 형편과 사정에 따라 상대방을 가리지 않고 도와주었다. 무슨 보상을 원하거나 누구의 칭찬을 바라지도 않았다. 그럴 형편이 아니었다.

이렇듯 아들은 세상 물정을 전혀 몰랐다. 어쩌면 정말 천하에 둘도 없는 바보처럼 보였다. 하지만 아들을 통해 은연중 도움을 받은 사람들은 무언가 필요한 부분을 채우게 되었다. 특히 상하거나 부자유스러운 곳이 회복되었다.

하지만 그의 도움을 받은 사람들은 그만한 희생이 있었다는 사실을 알지 못했다. 그저 운이 좋았다거나 자기 노력으로 얻어진 결실인양 자랑스럽게 여겼다. 그럼에도 그의 아버지는 그저 묵묵히 아들을 밀어주었다.

그러던 어느 날, 아버지가 아들을 위해 큰 이벤트를 계획하였다. 하는 일마다 실패하고 좌절하였던바, 실의에 빠진 아들을 위로할 방안을 마련하였다.

아버지가 가진 것을 아들에게 다 주고, 아들로 하여금 금의환향하게 함으로써, 아들을 잠시나마 기쁘게 해주려는 것이었다. 아들에 대한 아버지의 사랑은 그야말로 한이 없었다.

아버지는 즉각 그 계획을 실천에 옮겼다. 아버지는 자신의 아버지부터 자기 아들까지 지극정성으로 섬기는 신실한 청지기를 불러 이렇게 말했다.

"이번에는 내가 타는 노새 3마리를 모두 끌어다가 내 아들에게 주어라. 내 아들이 내 노새를 타고 내게 돌아오게 하되, 내 아들을 가운데 노새에 태우고, 내 아들의 친구 하나는 내 아들 우편에, 다른 친구 하나는 내 아들 좌편에 두고, 모든 종들이 사방에서 내 아들을 수행하되, 내 아들을 한껏 영화롭게 하여라."

그리고 아버지는 금의환향하는 아들의 모습을 생각하며 날마다 동구 밖에 서서 기다리고 있었다. 아버지는 자신의 전 재산을 털어서라도 아들을 한껏 기쁘게 해주고 싶었다.

이윽고 한 종으로부터 아들이 오고 있다는 소식을 들었다. 아버지가 목을 길게 빼고 아들의 행렬을 바라보고 있었다. 아들을 지극히 사랑하여 자기 생명까지 아낌없이 주고 싶었던 것이다.

그렇게 아들이 기뻐하기를 간절히 원하셨던 아버지, 그 아버지는 생전 처음으로 가슴이 두근거렸다. 그런데 이것이 어찌 된 일인가? 아버지의 노새를 타고 수많은 종들과 친구들에 둘러싸여 위풍당당하게 돌아올 줄 알았던 아들이 보이지 않았다.

노새에는 어떤 아이들이 타고 있었으며, 아버지의 아들은 노새를 잡고 털레털레 걸어오고 있었다. 지칠 대로 지친 종의 모습이었다.

그러나 아버지는 아무런 표정도 없이, 한마디 말도 없이 그저 묵묵히 그 아들만 바라보았다. 아버지의 마지막 기대를 저버린 불효막심한 아들이었으나, 아들에 대한 아버지의 사랑은 영원히 변함이 없었다.

그때 어쩌면 그 못난 아들이 바로 나 자신인지 모른다는 생각이 들었다. (2007. 7. 11)

908. 감사 샘물

어느 무더운 날이었다. 팬티만 입은 채 길가에 비스듬히 누워 있었더니 지나가는 친구들이 말했다.

"프러포즈를 한번 해봐! 되면 되고 안 되면 안 되고, 손해 볼 건 없잖아?"

"그래, 가만히 누워 있으면 누가 찾아오나?"

그들의 말을 듣고 내가 대답했다.

"이날 이때껏 내가 살아오면서 배운 지혜는, 세상에 억지로 되는 일이 없다는 거야! 막연한 기대만 갖고 그렇게 했다가 퇴짜를 맞으면 어떡할 건데? 소심한 성격에 상처만 받을 게 아닌가? 차라리 가만히 있는 것만 못해. 누가 알아? 하나님께서 내게 맞는 사람을 보내주실지."

그러자 친구들은 그 말이 이해되지 않는 듯 나를 빤히 쳐다보았다. 하지만 나는 내심 아직 희망이 있다는 자신감이 있었다.

얼마 후 나는 자리에서 일어나 조금 떨어진 잔칫집에 갔다. 거기서 2되짜리 주전자 2개에 다슬기를 담아 왼손에 들고, 오른손에는 지팡이를 짚고 집으로 돌아갔다.

그런데 집에 들어가 보니, 기둥 밑에서 흘러나오던 샘물이 바싹 말라 있었다.

"아니, 사시사철 흐르던 샘물이 왜 갑자기 말랐지? 아, 그렇구나! 감사가 말랐어, 감사가! 그래서 물도 말랐어!"

그때 나는 나 자신을 돌아봐도 그렇고, 내 주변을 둘러봐도 그렇고, 감사할 일이라곤 없었다. 감사할 일도 없었거니와 감사할 마음도 전혀 없었다. 모든 것이 광야처럼 메말라 있었다. 그때 불현듯 이런 감정이 우러나왔다.

"그렇지만 말이야! 감사란 감사할 때만 감사하는 게 아니잖아? 그야말로 범사에 감사하는 것이 감사잖아? 범사에, in all circumstances, 즉 어떤 상황이나 형편에서도 감사하는 것이 감사지. 그래, 감사는 감정이 아니라 믿음이야, 믿음! 믿음 말이야."

그리고 그저 빈 입으로 감사하기 시작했다. 진심으로 감사해서 감사한 게 아니라, 믿음을 저버릴 수가 없었던바, 어쩔 수 없이 불평불만에 가득

찬 어조로 짜증스럽게 감사했다.

"그래요, 감사해요! 감사하다고요! 감사하고 말구요!"

그러자 거짓말같이 멈췄던 샘물이 졸졸졸 흘러나오기 시작했다.

"오! 주여, 정말 감사합니다! 참으로 감사합니다! 진심으로, 진심으로 감사합니다!" (2007. 7. 14)

909. 신명기

요란한 밤이 지나고 고요한 아침 햇살이 비치기 시작했다. 마치 온 세상을 다 날려버릴 듯이 휘몰아치던 비바람도 동녘이 밝자 사라졌다. 이런 일을 빗대어 '인생만사 새옹지마'라고 하였던가?

호박 덩굴이 쭉쭉 자라더니 이웃 동네와 그 이웃의 이웃 동네까지 뻗어 나갔다. 무슨 일인지 모르지만 샛가지를 골라내고 원줄기를 따라갔다. 그러다가 너무 힘들어 중도에서 포기하려고 주춤거렸다.

그러자 내 옆에서 나를 돕던 자매가 용기를 북돋워 주었다. 다시 힘을 얻어 계속 앞으로 나아가기는 하였으나 열매 없는 호박 덩굴이 지겨웠다.

몇 동네를 지나가다가 어느 땅을 보니 돌멩이 하나 없는 옥토 밭이었다. 그 기름진 땅에 호박 덩굴만 뒤덮여있었다. 기뻐하며 나아가 땅을 갈아엎었다. 하지만 조금도 힘든 줄을 몰랐다.

그리고 어디를 향해 더 나아갔으나 길은 여전히 험난했다. 뾰족뾰족한 칼바위가 삐죽삐죽 솟아난 오르막 산길을 힘겹게 올라갔다. 언덕배기에 쉴 만한 휴게소가 있었다.

잘 조성된 분지에 나무그늘이 있었고, 그 아래 평상이 놓여있었다. 옆에 물건을 파는 가게도 보였다. 먼저 온 사람들이 있었으나 그렇게 북적거리지는 않았다.

주변을 살펴보니 낯익은 곳이 많았다. 곰곰이 생각해보니 예전에 한번 올라온 적이 있었다. 그런데 왜 다시 올라왔는지 그 이유를 몰랐다.

그때 콧속이 너무 간질간질하여 실 같은 것을 뽑아내게 되었는데, 몸통에 눈알 하나만 달랑 붙어있는 이(사면발니) 같은 벌레가 줄줄이 매달려 나왔다.

그리고 보니 그동안 콧속의 실은 시도 때도 없이 나왔다. 답답하면 뽑아내고 숨이 막히면 긁어내곤 하였다. 실이 계속해서 나왔던바, 포기하거나 끊어져 멈출 때도 있었다.

그런데 이번에는 술술 잘 빠져나오다가 어느 순간 통째로 쑥 둘러빠지는 느낌이 있었다. 뿌리째 몽땅 빠져나온 듯했다. 중간에서 끊어진 느낌도 없었고, 내가 포기하지도 않았다. 그러자 콧속이 시원하였다.

실제로 나는 알레르기 비염으로 수십 년을 고생하고 있다. 오래전 주님의 은혜로 고침을 받은 적이 있지만 수시로 재발하곤 했다. 하지만 이번에는 비염 치료보다 더 큰 주님의 은혜를 맛보았다.

새벽예배 후 밖으로 나가 태풍으로 쓰러진 옥수수와 오이, 호박, 고추

등을 일으켜 세웠다. 그리고 다시 방으로 들어가 누웠더니 '신명기'라는 글자가 보였다.

신명기는 모세오경 가운데 한 권이지만, 그 자체에 무슨 의미가 있는 듯했다.

'새로운 명령을 기다리라!' (2007. 7. 15. 주일)

910. 이물질

전후좌우 살펴볼 겨를도 없이 이것저것 닥치는 대로 열심히 일하며 살았다. 얼마 후 과제가 하나둘씩 마무리되고, 시끌벅적하던 주변 사람들도 떠나고 보이지 않았다.

그때 다소 여유가 생겨 오랜만에 내 몸을 돌아보게 되었다. 어느새 내 아버지와 어머니도 내 곁에 다가와 나를 지켜보고 있었다.

내 신체의 일부분이었으나 그동안 돌보지 못한 의족을 풀어 청소하기 시작했다. 통속에 쌓인 먼지를 털어내고 밴드를 살펴보았다. 통과 밴드를 연결하는 작은 천 사이에 시궁창에서나 나올 법한 오물이 끼어있었다. 그런데 그 양이 만만치 않았다.

시커멓고 찐득찐득한 이물질이 진절머리 날 정도로 빠져나왔다. 옆에서 지켜보던 아버지와 어머니도 의외라는 듯 고개를 갸우뚱했다.

처음에는 엄지와 검지로 제거하다가 나중에는 한 움큼씩 잡아 뽑아내었다. 그렇게 한참 꺼내다 보니 거의 다 빠져나온 듯했다.

그리고 통을 거꾸로 들고 툭툭 털었다. 작고 동글동글한 알갱이와 지푸라기 같은 쓰레기가 우수수 쏟아져 내렸다. 그때 비로소 통이 시원하게 비워진 듯했다. 내 몸무게가 한결 가벼워진 느낌이 들었다. 아버지와 어머니도 그제야 한숨 돌리시는 듯했다. (2007. 7. 16)

911. 하나의 옥상

길쭉하게 생긴 지붕 위에 올라가 옥상을 보수하고 있었다. 어느 정도 마무리가 되었을 때, 바로 옆에 나란히 붙은 집을 우리가 인수했다는 전갈을 받았다. 그래서 아예 두 지붕을 합쳐 하나의 옥상으로 만들었다.

그러자 가로 세로가 똑같은 정방형의 지붕이 되었다. 그런데 보수를 잘못한 탓인지 물 빠질 구멍이 보이질 않았다. 부득이 한쪽 모퉁이에 하수구를 뚫었다.

그때 비로소 네모반듯한 옥상이 완성되었다. 그것이 본래의 모습으로 보였다. 그동안 무슨 사정에 의해 나뉘어 있다가 이번에 다시 합쳐진 듯했다.

아침이 되어 창문을 열자 한 줄기 햇살이 쏜살같이 비집고 들어왔다.

(2007. 7. 18)

912. 정보 창구

무슨 건물을 짓고 있었다. 나는 무엇을 물어보기도 하고 알려주기도 하면서 공사를 도왔다. 그때 이름이 기억나지 않는 젊은이가 다가와 말했다.

"이제부터 무슨 일이든 저에게 직접 말씀하십시오. 곧바로 높은 사람에게 말씀하여 제게 다시 내려오니 혼선이 생길 여지가 있습니다."

"그래요? 그렇다면 당연히 그렇게 해야지요. 창구가 하나로 정해져 있으면 서로 편합니다."

그래서 그에게 처음으로 일러준 정보는 땅값에 불문하고 호박 값은 변동이 없다는 것이었다. 그는 공사 현장의 연락 책임자로 보였다. 하지만 나는 그가 맡은 직책을 몰랐다. 그래서 이 사람 저 사람에게 정보를 제공했다. (2007. 7. 20)

913. 레비아탄

여종과 함께 길을 가고 있었다. 길에 죽은 뱀이 있었다. 조금 가다가 보니 또 한 마리가 있었다. 그 뱀들은 지게막대기만 했으며, 죽은 지 그리 오래되지 않아 보였다.

그리고 조금 더 갔더니, 이번에는 엄청나게 큰 뱀이 길을 따라 축 늘어

저 있었다. 너무 커서 머리는 보이지 않고 몸통만 보였다. 한 줄로 부족하여 두 줄로 겹쳐져 있었다.

그 뱀은 실제로 죽었는지, 아니면 살아있는지 머리가 보이지 않아 알 수 없었다. 하지만 꼼짝달싹하지 않고 그대로 가만히 있었다.

그런데 앞쪽은 엎어져 등이 보였고 뒤쪽은 자빠져 배가 보였다. 등은 시커먼 철갑을 씌워 놓고 기름을 바른 듯 미끈미끈하였으며, 배는 정교하게 세공하여 황금을 입혀 놓은 고성능 반도체 같았다. 마치 외계인이 타고 온 최첨단 우주선의 초정밀 전자 장치를 보는 듯했다.

그리고 그 위에 수많은 별들이 살아 움직이듯 반짝반짝 빛을 발했다. 어쩌면 그 별들이 몸에 붙어 있었고, 아니면 공중에 약간 떠 있었다. 하지만 너무 세세하고 숫자가 많아 구별되지 않았다. 그때 그 뱀이 성경에 나오는 리워야단, 곧 레비아탄(Leviathan, 바다 괴물)으로 여겨졌다.

얼마 후 나는 어느 집 대문 앞에 이르렀다. 거기 사람 같기도 하고 짐승 같기도 한 큰 생물이 있었다. 마치 학이 날개를 펼치고 서 있는 것처럼 보였다. 아니면 공작이 꼬리를 펼치고 서서 대문을 지키는 듯도 했다.

그때 그 생물의 하수인으로 보이는 인간들이 아래쪽에서 올라와 넙죽 절하며 말했다.

"새집이 나왔으니 보러 가시지요."

그러자 그 생물이 크게 기뻐하며 그들과 함께 그곳을 떠났다. 그 뒷모습을 보니 큰 허세와 위선으로 가득 차 있었고, 눈에 보이지 않던 그 뱀의 머리 같다는 생각이 들었다.

그리고 보니 뱀의 머리는 필요할 경우 언제든지 몸에서 분리되었고, 사람과 같이 생각하고 말하고 행동하는 인격을 가지고 있었다. 어쩌면 그

몸통을 둘 곳이 없어 잠시 길가에 두었다가, 새집이 나왔다는 말을 듣고 그들을 따라간 듯했다.

아무튼, 그렇게 그 생물은 그의 하수인들과 함께 이사할 집을 보러 갔고, 나는 그 집 대문 앞에 우두커니 서 있었다. 그때 천신만고 끝에 여종이 그곳에 도착하였다.

그동안 주변 분위기가 살벌하여 나를 따라오는 여종을 생각할 겨를이 없었다. 까마득하게 잊다시피 하였으나 끝까지 따라온 여종이 대견스러웠다. 더욱이 뱀이라면 끔찍이도 징그럽게 여기던 여종이라 그 모습이 더욱 가련하였다.

그때 여종이 내게 자기 발을 보여주었다. 한쪽 발에는 고무신짝이, 다른 발에는 샌들이 신겨져 있었다. 둘 다 닳아서 너덜너덜하였다.

그걸 보는 순간, 나는 여종에게 온전한 신짝을 찾아줄 필요성을 느꼈다. 나는 양쪽 신발을 다 가지고 있었던바, 어느 것이든 원하는 대로 줄 수 있었다. (2007. 7. 21)

914. 맑은 물

얼마 전 영양 일월을 지나다가 '맑은 물'이라는 불알친구가 생각났다. 삼거리 매점에 들렀더니, 마침 동네 사람들이 대폿잔을 기울이고 있었다. 자초지종을 얘기하자 터줏대감이라는 사람이 말했다.

"지금은 그런 성을 가진 사람이 없습니다."

그가 죽었는지 살았는지 생사라도 알았으면 하는 마음으로 여기저기 더 물어보았으나 아는 사람이 없었다. 일찍이 그는 그 마을에서 태어나 우리 동네로 이사하였다고 들었다.

그러니까 벌써 30년 전의 일이다. 입대를 앞두고 신검을 받을 때 그와 잠시 만났다. 나는 장애인으로 옷을 입은 채 신검을 받았고, 그는 아예 옷을 홀딱 벗고 심사위원들 앞에 드러누워 마음대로 하라고 발버둥을 쳤다. 입대하지 않으려고 그렇게 했던바, 결국 그도 입대하지 않았다.

나중에 안 일이지만, 그때 그는 의리의 사나이 '용팔이'처럼 감옥을 들락거리다가 출소한 지 얼마 안 되었으며, 감옥에 갔다가 나온 후 정신이 이상해졌다는 얘기도 들렸다.

그는 고향에서 자전거와 경운기 등을 수리하며 근근이 살았다고 한다. 당시 나는 그와 잠시 짧은 대화를 나누었지만, 그는 애써 내 눈길을 피하려고 하였다.

이제는 아무 희망도 없다는 듯, 내가 무슨 말을 하면 그저 고개만 가로저었다. 사람이 너무 많이 변하여 어릴 때의 모습은 찾아볼 수 없었다.

옷을 홀랑 벗고 드러누워 버둥거리던 그의 몸뚱이는 시퍼런 문신들로 가득 차 있었다. 마치 푸른 잉크로 물들인 인간 빨래처럼 보였다.

청년 때 우리는 우리 집 뒤뜰에 닭을 키우려고 닭장을 만든 적이 있었다. 연로하여 몸을 잘 가누지 못한 목수 출신의 그의 아버지가 와서 우리를 도와주셨다.

하지만 애석하게도, 얼마 후 그의 부친은 돌아가셨다. 유달리 술을 좋아하던 그의 모친은 다른 동네 영감님의 수발을 위해 갔다는 소문이 들렸다.

그와 나는 학교 운동장에 있던 그네에 나란히 앉아 우리의 장래에 대해 이야기를 나누었다. 사실인바 그는 마음씨가 유달리 착했으며, 자기 이름 같이 맑게 정수된 물과 같았다.

그런데 동네 사람들이 부르는 그의 이름은 '진펄이'였다. 당시 '용팔이'라는 영화가 히트를 치고 있었다. 그 영화 속의 주인공 용팔이는 우직한 의인으로서, 그저 싸움질만 하고 온갖 말썽을 부렸던 것으로 기억된다.

돌이켜 보건대, 동네 사람들이 단지 이름만 비슷하다는 이유로 그를 '진펄이'라고 불렀던 것이다. 그는 자라나면서 학교에 들어갔으나, 친구들도 '진펄이'라 부르자 그것을 몹시 싫어했다.

그때 나는 그 마음을 알아차리고 '진펄이'라 부르지 않았다. 누가 뭐래도 꼭 '정수'라고 불렀다. 친구에 대한 최소한의 예의라고 생각했다.

하지만 그는 '정수'라는 이름을 끝까지 지키지 못했다. 그래서 그랬던지 그와 나는 서로를 아끼게 되었다. 나는 그를 '진펄이'라고 부르는 어른들이 미웠다.

그러니까 징병 검사 후 나는 그를 다시 보지 못했다. 더 이상 아무 소식도 못 들었다. 그렇게 무심한 세월은 흘러가고 말았다. 그런데 지난밤 그 친구를 꿈에서 보았다. 30년 전에 보았던 모습과는 딴판이었다.

'맑은 물' 또는 '바른 수'라는 그의 이름과 같이, 그는 정말 깨끗하고 해맑은 모습이었다. 매사에 계산도 철저하여 주변 사람들로부터 신망이 두터웠으며, 누구나 인정하는 성공한 사람이었다.

그는 '운이 좋고 재주가 뛰어난 사람'과 동업하고 있었다. 올해만 벌써 15건을 계약했다고 하였다. 단 한 건도 계약하지 못한 나와 비교하니 정말 놀라운 일이었다. (2007. 7. 22. 주일)

'자기 입과 혀를 지키는 사람은 환난에서 자기 영혼을 지킨다.' (잠언 21. 23)

915. 신유

어제 아침부터 머리가 찌근찌근 아팠다. 낮잠을 자고 초저녁부터 다시 잤지만, 오늘 아침까지 늦잠을 잤다. 주일예배를 드린 후에도 여전히 머리가 아팠다. 진통제를 먹을까 생각하다가 주님의 감동으로 기도했다.

"조카딸이 뇌종양으로 죽음의 문턱에 이르렀을 때 기도하라고 하였지 않느냐? 또 다른 조카도 병마에 사로잡혀 온몸을 바들바들 떨고 있을 때 기도하라고 했지 않느냐?"

"주님, 과연 그랬군요. 조카딸도 기도한 후 치료받고 나았으며, 조카도 기도한 후 치료받고 나았습니다. 하지만 그게 기도하고 나았는지, 치료받고 나았는지 누가 알겠습니까?"

"네가 기도하고 그들이 즉시 치유되었다면 네가 감당치 못했을 것이다. 그러니 이제 네 몸으로 스스로 테스트해 보아라."

그때 나는 이런 생각이 들었다.

'세상에 이보다 더 부담 없는 기도는 없을 것이다. 응답되면 주님께서 나와 함께하신다는 확신을 얻을 것이고, 응답되지 않아도 망신당할 일이 없지 않은가?'

이렇게 생각하면서 내 머리에 손을 얹고 나를 위해 기도하기 시작했다.

"내 주 예수 그리스도 이름으로 명한다. 내 머리를 아프게 하는 병마야, 내가 네게 명하니 썩 물러가라! 아멘."

그리고 한숨 자고 일어났더니 정말 기적같이 두통이 사라지고 없었다. 언제 머리가 아팠느냐는 듯이 아주 깨끗했다. 이리저리 머리를 흔들어보아도 조금도 이상이 없었다.

온몸이 개운하여 뒷산으로 올라가 돌밭을 개간하기 시작했다. 땀을 뻘뻘 흘리며 일한 후 내려와 샤워했더니 더욱 기분이 상쾌하였다. (2007. 7. 22. 주일)

믿음의 기도는 병든 사람을 낫게 할 것이며, 주님께서도 그를 일으켜 주실 것입니다. 혹시 그가 죄를 지었어도 용서하실 것입니다. (야고보서 5. 15)

916. 작은 조각

흩어진 작은 조각들을 하나하나 찾아 제자리에 맞추듯, 하나의 완전한 작품을 만들기 위해 여러 개의 문장을 정리하고 있었다. 그런데 맨 마지막 문장이 까닭 없이 거꾸로 뒤집혀 있었다.

고심 끝에 일단 모든 글자의 크기만이라도 맞추려고 하였다. 그러자 너덜너덜한 문장들이 모두 짜임새 있게 맞춰졌을 뿐만 아니라, 거꾸로 뒤집힌 문장도 바로 세워졌다.

그리고 지면이 오색 컬러로 장식되면서 복판에 십자가가 세워졌고, 주변은 내부가 잘 꾸며진 예배당의 모습으로 바뀌었다. 그렇게 완성된 한 폭의 그림을 보고 앞으로 나아갔더니, 어느새 네모반듯한 교회당이 언덕 위에 세워져 있었다. (2007. 7. 23)

917. 탈레반

'애석, 비통, 결국 한국인 인질 1명 살해'

새벽예배 후 보인 환상으로 일간지 머리기사의 제목이다. 안타까운 마음으로 텔레비전을 켜자 마침 이런 뉴스가 흘러나왔다.

'탈레반, 한국인 인질 협상 시한 또다시 24시간 연장'

"오, 주여! 저들을 불쌍히 여겨주십시오. 한민족 무슨 재단이라는 간판을 내걸고 일하는 사람들이, 실제로 우리 민족을 위해 일해야지, 외국에서 선교하다가 어려움을 자초한 듯합니다. 이는 하나님과 우리 민족을 속인 것이나 다름이 없습니다.

하지만 주여! 복음을 전하려고 먼 이국땅으로 간 젊은이들이 무슨 죄가 있겠습니까? 부디 저들의 생명을 불쌍히 여기시고, 무사히 귀환하도록 도와주십시오." (2007. 7. 24)

918. 비통한 일

아니나 다를까, 이틀 전 환상에서 본 그대로 아프간에 잡혀 있던 한국인 인질 1명이 살해되었다는 뉴스가 나왔다. 참으로 안타까운 일이 현실화되었다.

건강이 안 좋아 죽었는지, 살해되었는지, 아니면 다른 무슨 사정이 있었는지 불투명하다고 하였지만, 그사이 병사할 만큼 몸이 아픈 사람이 어찌 그 먼 나라로 선교하러 갔겠는가?

더욱이 살해된 사람은 22명을 인솔한 단장으로서 젊은 목사라고 하지 않는가? 정말 애석하고 비통한 일이 결국 일어나고 말았다. (2007. 7. 26)

919. 가정불화

여종이 며칠째 앙탈을 부리며 하지 못할 말과 하지 말아야 할 말을 거침없이 내뱉었다. 기분에 따른 일시적 현상인지, 신체에 따른 생물학적 현상인지 몰랐으나 의아스러웠다.

새벽예배를 드리기 전이었다. 생선 비늘 같은 것이 여종의 이마에 붙어 있었다. 잠시 머리를 숙였다가 드는 것을 보니, 이번에는 굵은 철사 같은 것이 그 비늘 사이를 비집고 이마에 박혀 있었다. 나도 놀랐지만, 여종도 심히 당황하는 모습이 역력했다.

그리고 나 자신의 머리가 보였다. 납작한 머리가 더욱 작고 우악스러워 보였다. 여종의 자기중심적 편견과 나의 지혜롭지 못한 아집이 복합적으로 작용하여 가정불화를 일으킨 듯했다.

그런데 중요한 사실은, 그런 불미스러운 일을 통해서도 하나님의 뜻은 이루어지고 있었으며, 모든 일이 합력하여 선을 이루고 있었다는 것이다. (2007. 7. 28)

920. 옥수수

옥수수 몇 그루가 보였다. 무슨 벌레가 갉아먹은 듯 부실하기 짝이 없었다. 잎은 아예 하나도 없었으며 대마저 성한 곳이 없었다. 그야말로 밑둥치부터 꽃술까지 만신창이 모습으로 너덜너덜하였다.

아무리 강한 생명력을 가진 식물이라도 다시 잎을 내고 꽃을 피우기는 어려워 보였다. 하지만 대에 달린 옥수수 열매만은 그대로 있었다. 벌레가 먹은 흔적도 없었고, 오동통한 닭 다리처럼 속이 꽉 차 있었다. (2007. 8. 1)

921. 감자(1)

넓고 기름진 옥토 밭이 보였다. 주먹만큼 큼직큼직한 감자가 온 땅에 빼곡히 박혀 있었다. 살짝살짝 모습만 드러내고 있었지만, 지상 최고의 감자로 보였다. (2007. 8. 2)

922. 이익 도래

'이익 도래'가 트랙터를 수리하고 있었다. 수리가 끝나자 트랙터는 다시 일터를 향해 힘차게 달려갔다.

그리고 우리 마을에 예산이 배정되어 상하수도 공사가 시작되었다. 지난번에 공사를 하였으나 더러 빠진 집이 있었기 때문이다. 우리 집도 이번에 공사를 하게 되었다.

그런데 '이익 도래'의 집은 지난번에 이미 공사를 마쳤으나 이번에도 다시 시공했다. 그러자 다른 집들도 따라서 했다. 이미 공사한 부분은 그대로 두고 추가로 배관을 연결하고 설치하였다. 예산이 남았기 때문이다. (2007. 8. 3)

923. 괜찮아

'마지막 국면'과 '용기'가 함께 일하는 모습이 보였다. '마지막 국면'은 속이 안 좋은 듯 마신 물을 토하고 있었으며, '용기'는 그 옆에서 지켜보고 있었다.

나는 전립선이 안 좋아 거북함을 느꼈으며, 나중에는 입으로 먹은 채소가 그대로 소변에 섞여 나오는 모습이 보였다. 먹은 음식의 양분이 피로 가지 않고 소변으로 나왔던 것이다.

어느 날 소변을 보다가 갑자기 현기증을 느꼈다. 서둘러 화장실을 나오면서 119를 부르라고 소리쳤다. 그리고 마당에 쓰러졌다. 그때 집주인이 나의 눈꺼풀을 까보며 말했다.

"괜찮아, 대수롭지 않은 일이야!"

그 말 한 마디에 나는 정말 아무 일도 없다는 듯 다시 정신이 맑아졌다.

아침을 먹고 자리에 누웠다가 또 꿈을 꾸었다. 캄캄한 밤중에 여종과 함께 차를 타고 어디를 가고 있었다. 급커브를 돌아갈 때 핸들이 말을 듣지 않았다.

그때 캄캄한 어느 공간 속으로 차가 휙 날아가는 듯했다. 앞이 보이지 않아 눈을 감은 것이나 다름이 없었다. 주님께 모든 것을 맡길 수밖에 없었다.

잠시 후 차가 멈춰 섰다. 밖은 여전히 암흑천지였다. 칠흑 같은 어둠 속에서 겁 없는 여종이 내리자고 했으나, 소심한 나는 위험할지 모르니

꼼짝하지 말고 그대로 있으라고 했다. 그러다가 날이 밝았다.

동네 사람들이 모여들더니 웅성거리기 시작했다. 먼저 내가 운전석 문으로 내린 후 여종을 끌어당겨 내리게 했다. 그러고 보니 차가 아슬아슬하게 낭떠러지에 걸쳐져 있었다.

조수석 뒷바퀴 하나는 아예 낭떠러지를 벗어나 있었고, 앞바퀴 하나는 타이어가 찢어져 일부만 난간에 걸려 있었다. 그 부분이 몇 cm에 불과했다. 구사일생으로 목숨을 건졌다.

하지만 우리는 마음이 편했다. 주님의 보호가 있었다는 사실을 확신할 수 있었기 때문이다. 보험 회사에 연락하여 차를 견인하려고 했다. 전화번호를 몰라 114로 물어보았다. 그런데 안내원이 연신 웃으며 이렇게 말했다.

"호호호, 그러면 제가 찾아보고 알려드릴게요!"

무슨 영문인지 몰라 어리둥절했으나 기다릴 수밖에 없었다. (2007. 8. 9)

924. 돌산과 초원

크고 높은 산이 보였다. 위쪽 반은 돌산이고 아래쪽 반은 초원이었다. 위쪽 바위에서 아래쪽 풀밭으로 이어지는 경계 부분에 잘 가꾸어진 나무들이 빙 둘러 숲을 이루고 있었다.

산 전체가 잘 다듬어진 어느 국립공원 같았고, 어쩌면 알프스 산의 절경일 수도 있었다. 산봉우리는 구름에 가려 보이지 않았으며, 어쩌면 하늘까지 닳은 지도 몰랐다.

그리고 맨 아래쪽에 맑고 깨끗한 물이 둑을 타고 흘러넘쳤다. 나지막
하였으나 길게 이어진 둑으로 흘러내리는 물줄기가 작은 나이아가라 폭
포 같았다.

그 둑에 작은 나무들이 드문드문 서 있었다. 그들은 로키 산맥 정상에
서 칼바람을 맞으며 무릎 꿇고 자라는 나무와 같이 힘들어 보였다.
(2007. 8. 12. 주일)

925. 큰 숲 맑은 샘

약간 축축하였으나 말끔한 아스팔트 위에서, 여종이 나물 하나로 20
가지 반찬을 만들어 보이겠다고 하면서 분주히 움직이고 있었다. 일면
대견기도 하였으나 반신반의하며 그 모습을 지켜보았다.

그때 불과 얼마 전까지 보이지 않던 나무들이 쑥쑥 자라고 있었다. 적
어도 두 아름이나 되어 보이는 큰 나무들이 20그루쯤 있었다.

아스팔트 바닥을 뚫고 올라와 아주 튼튼하게 보였으며, 몸통에 비해
밑둥치는 더욱 크고 넓었다. 하지만 키가 2m 내지 3m 정도만 자라고,
위쪽은 무엇에 의해 잘려나간 듯 작은 가지도 하나 보이지 않았다.

그런데 그 자리를 자세히 보니, 젓가락만 한 새순이 나무마다 두세 개
씩 자라고 있었다. 금방 자라나 큰 숲을 이룰 것처럼 보였다. 그리고 머
지않아 맑은 샘물도 흐를 것 같았다. (2007. 8. 14)

926. 의와 진리

작은 자투리땅 맹지에서 농사를 짓다가 보니 불편하기 그지없었다. 질서 없이 하는 일마다 뒤죽박죽이었으며, 되는 일도 없고 안 되는 일도 없이 그저 분주하기만 하였다.

어느 날 병원 앞에서 엉금엉금 기어가고 있었다. 주변에 많은 사람이 모여 있었다. 그때 분위기는 어느 한 청년의 애석한 죽음으로 인해 착 가라앉아 있었으며, 모든 사람이 애도하고 있었다.

그때 죽은 청년의 시신이 실린 침대가 내 다리에 걸리게 되었다. 그러자 간호사들이 침대에 걸린 내 다리를 빼려고 한참 애를 먹었다. 그리고 서둘러 지나갔다.

이후 나는 기어 다니기를 멈추고 자리에서 일어나게 되었다. 그러자 지상에서 가장 큰 교회를 담임하는 목사님이 내게 다가왔다. 그리고 내 오른손에 무엇을 올려주면서 함께 기도하자고 하였다.

그래서 원탁 테이블을 앞에 두고 몇 사람이 빙 둘러서서 기도하기 시작했다. 기도가 이어지고 있었으나 목사님은 무엇인가 급한 일이 있는 듯, 서둘러 옷매무시를 다듬었다.

그러나 기도가 아직 끝나지 않았다는 사실을 알고, 다시 기도하는 자세를 취했으며, 내가 마지막으로 한 마디하고 기도를 마치자 그제야 자리를 떠났다. 그때 다른 사람들도 각자 할 일을 마친 듯, 하나둘씩 자리를 떠나려고 채비를 하였다.

그 일이 있고 나서도 나는 농사일을 계속했다. 모든 일이 순서에 따라 질서 있게 수행되었으며, 그에 따른 준비도 착착 진행되어 합력하여 선을 이루었다.

그때 나는 무엇을 나무에 묶어두고 필요할 때마다 하나씩 풀어 사용하였는데, 묶은 철사까지 한 치의 오차도 없이 완벽하고 탄탄했다.

빙글빙글 돌려 묶은 녹색 코팅의 철사 끝 부분이 일목요연하게 꼬부라져 뒤로 돌아가 눌려 있었다. 그래서 앞에서는 그 묶은 흔적이 보이지 않았으며, 그로 인해 사람들이 다칠 위험도 없었다.

그리고 하나씩 일을 마무리하자 그 철사도 하나씩 풀어져 사라지게 되었으며, 그렇게 순서와 절차에 따라 모든 일이 일사천리로 진행되었다.

얼마 후 당초 예정된 일이 모두 끝난 듯했다. 그때 묶어둔 철사를 보니 내가 묶지 않은 것이 몇 개 더 있었다. 누군가에 의해 별도로 묶어진 것으로 보였으며, 내가 추가로 감당해야 할 일로 여겨졌다.

그 일은 믿음 생활에 꼭 필요한 핵심 과제였다. 그중에서 분명하게 기억나는 것은 '의'와 '진리'였다. 이 말은 평소 가장 많이 본 단어여서 금방 내 눈에 들어왔다. 그 외에도 너덧 단어가 더 있었으나 기억에 남지 않았다. (2007. 8. 16)

927. 웃음꽃

어딘가 모르게 조금 부족한 듯이 보이는 자매에게 우리 일꾼들이 먹을 식사를 주문했다. 처음에는 점심만 시켜 먹다가 나중에는 저녁까지

고정으로 시켜 먹었다.

처음 생각과 달리 그 자매가 지은 밥은 맛도 좋고 반찬도 깔끔했다. 그러자 다른 인부들도 줄지어 주문하였다. 자매는 아침, 점심, 저녁까지 단골손님이 늘어 아예 밥 장사를 하게 되었다.

그래서 자매는 어려운 살림살이를 어느 정도 해소하였으며, 오래간만에 가족들이 기뻐하였다. 자매의 입가에는 웃음꽃이 다시 피었으며, 우리도 덩달아 웃기 시작했다. 모두가 마음이 뿌듯했다. (2007. 8. 20)

928. 기량과 피치

가파른 성벽 난간에서 창호지를 바르고 있었다. 문짝 일부에 이미 창호지가 붙어있었다. 그래서 거기 붙이려고 잘라 놓은 창호지 조각과 여분의 한 장을 성벽 위에 올려놓고, 우선 문짝을 청소하고 풀칠하였다.

그런데 난간에서 팔이 닿지 않아 풀칠이 되지 않는 부분이 있어 이리저리 살펴보았다. 마침 성곽 모서리에 발 디딜만한 돌출 부분이 있어 그걸 밟고 올라가려고 했다.

우선 모서리에 왼발을 올리고 아래쪽을 내려다보았다. 까마득한 수직 낭떠러지를 보는 순간 고소공포증을 느꼈다. 위험하다는 생각이 들어 결국은 포기하고 내려왔다.

다행히 모서리가 아닌 안쪽에, 그 높이의 절반쯤 되는 낮은 성벽이 얼마간 이어져 있었다. 그곳을 통해 다시 올라가려고 발길을 옮겼다.

그때 위에서 일하던 '돌팔이 순종'이 그곳을 지나가고 있었다. 그의 걸음걸이 바람결에 내가 잘라놓은 창호지 조각이 아래쪽으로 떨어지고 말았다.

내가 방금 전에 있던 곳으로 너풀너풀 날아가는 창호지를 안타깝게 바라볼 수밖에 없었다. 그때 나는 난간을 타고 거의 다 올라간 상태였다.

"아니, 저런! 저걸 어째?"

그래서 그 창호지 조각은 성벽 아래로 떨어지고 말았다. 너무 난감하여 잠시 생각에 잠겼다. 문짝에 창호지를 바르기 위해 어렵사리 옥상으로 올라왔으나, 정작 발라야 할 창호지가 아래로 떨어졌으니 어쩌면 좋단 말인가?

그때 주님의 성령이 내게 좋은 방법을 가르쳐 주셨다. 그러자 심상한 것이 금방 사라지고 기쁜 마음이 솟아났다. 다름이 아니라 여분의 창호지 온장을 그대로 바르는 것이었다. 그러면 이미 창호지가 붙은 문고리 부분은 이중으로 붙어 튼튼하게 되었다.

그곳은 손잡이 부분으로 쉽게 떨어지는 단점이 있었다. 그 단점이 보강되어 더욱 탄탄한 뿐만 아니라, 채광이나 일조권 확보에도 별 지장이 없었다.

그때 인부들이 창호지를 자르기도 하고 풀칠도 하면서, 마지막으로 붙일 곳은 붙이고 다듬을 곳은 다듬으며 마무리 작업을 하고 있었다.

그 후에도 나는 몇 번의 실수를 거듭했으나, 발라진 창호지의 틈새를 벌리기도 하고 메우기도 하면서 부족한 부분을 보완시켜 나갔다.

그렇게 일이 어느 정도 마무리되어 자매와 밥을 먹으려고 밥상머리에 앉았다. 그때 뒤에서 급히 부르는 소리가 들렸다. 돌아보니 아직 일이 덜 끝난 상태였다. 인부들이 마무리 작업에 더욱 박차를 가하고 있었다.

그래서 밥 먹기를 잠시 미루고 그들과 함께 마감 작업에 임했다. 문틀을 벗어난 여분의 창호지는 반듯이 자르고, 풀칠하는 과정에서 달라붙은 나부랭이 조각은 칼로 긁어내었다.

어떤 것은 반 절지에 가까운 종이가 그대로 붙어있어 문틀에 맞춰 잘라내기도 했다. 어느 곳은 창호지가 불량하여 미흡한 부분도 있었으나 그런대로 손질하여 마무리했다.

그리고 성곽을 한 바퀴 빙 돌아보게 되었는데, 첫 자리에 '의로운 표지'가 앉아 있었다. 나는 그 바로 옆, 그러니까 옆으로 돌아서 맨 마지막 자리에 가서 앉았다. 그와 내 자리에는 다른 곳과 달리 2개의 밥그릇이 있었다.

그동안 나는 실수를 많이 하였으나 마지막에 유종의 미를 거둔 듯했다. 내심 뿌듯함을 느꼈다. 사실 나는 수동적으로 일하기 일쑤였다. 하지만 마감 직전에 기량과 피치(pitch)를 발하여 끝이 좋았다.

그리고 우리는 바닥으로 내려가 그 성을 바라보았다. 아래쪽은 서양식 콘크리트 외곽으로 아주 튼튼하게 지어졌으며, 위쪽은 바깥으로 네모반듯하게 둘러싸인 아름다운 한옥이었다. (2007. 8. 20)

929. 주님의 사랑

　어느 날 보니, 여러 적자(嫡子)들 가운데 한 서자(庶子)가 있었다. 그가 지극정성으로 부모를 섬겼으나 적자를 어렵게 한다는 핑계로 내팽개침을 당했다. 그 어린 것이 어찌나 불쌍하던지 연민의 정이 일어나 그를 돌보게 되었다.

　그때 예언서에 기록된바, 상한 갈대를 꺾지 않고 꺼져 가는 등불을 끄지 않으며, 진리로 공의를 베푸실 주님의 사랑이 내게 다가와 임했다. (이사야 42. 3)

　그리고 보니, 모이 값도 못 하는 가금류라고 버려진 오리들이 있었다. 그 오리들도 모아 정성껏 키웠다. 그리고 또 보니, 오래전부터 사람들의 입에서 입으로 전해지는, 그야말로 밑도 끝도 없는 구전에 의해 재수 없는 풀이라고 외면당하는 식물이 있었다. 그것도 모아 정성껏 재배했다.

　그러자 그들의 미래가 내 머릿속에서 영상으로 비춰졌다. 내팽개침을 당한 서자는 장성하여 병든 부모를 섬기는 효자가 되었고, 내버려짐을 당한 가금류는 크게 번식하여 노약자들에게 큰 보탬을 주었으며, 외면당한 풀은 많은 열매를 맺어 가난한 사람들을 풍요롭게 하였다. (2007. 8. 21)

930. 인지 장애

800만 원가량의 돈이 생겼다. 예전에 약속하고 보내지 못한 나머지 300만 원을 서둘러 송금했다. 그러고 보니 그게 아니었다. 아버지의 땅을 팔아 모두 갚았던 것이다.

게다가 그는 경험이 일천한 나를 이용하여 많은 돈을 앗아간 사람이었다. 혹시 내 빚을 갚도록 주님이 허락하신 일인지도 모른다는 생각에, 그동안 나는 그를 통해 많은 돈을 투자했다.

얼마 전 나는 하나님께 순종하지 못한 결과에 대해 책임을 통감하고, 그가 취한 부당이득금 중에서 일부라도 돌려달라고 하였다.

하지만 그는 나중에 다 갚아주겠다고 하면서 거절하였다. 이런 일이 한두 번이 아니었다. 이번에도 또 인지 장애로 실수하였던 것이다.

"아니, 이걸 어쩌나? 하나님께서 내게 잠시 맡기신 돈을! 내가 또 이런 실수를 하다니?"

내 불찰로 잘못 송금한 돈을 되돌려 받기 위해 그에게 전화했더니, 그가 아닌 다른 어떤 자매가 받았다. 그들은 이미 내 사정을 잘 알고 있는 듯 깔깔거리고 웃으며 비아냥거렸다.

"아! 이들이 또 나를 놀림감으로 만들 셈인가?" (2007. 8. 22)

931. 넷째 지위

일을 하는 것도 아니고 안 하는 것도 아닌, 그냥 그런 날들을 보내고 있었다. 특별한 일도 없이 여기저기 오가며 하나님께서 맡기신 소중한 시간과 돈을 허비하였다.

돌아보건대, 그럼에도 하나님의 은혜로 먹고살기에는 어려움이 없었다. 반면에 항상 빚에 눌려 잠시도 마음 편할 날이 없었다. 그러다가 하나님의 은혜로 상당히 높은 지위를 부여받았다.

전능하신 임금님이 계셨다. 그 앞에 수많은 사람들이 머리를 조아리고 엎드려 있었다.

첫째부터 셋째까지는 누구에 의해 임명된 것이 아니라 스스로 존재하는 지위로 보였으며, 다섯째부터는 임금에 의해 임명된 지위로 보였다. 그 숫자는 이루 셀 수 없을 정도로 많았다.

그런데 넷째는 어디 속한 무슨 지위인지 알 수가 없었다. 서열로 보면 넷째가 분명하였으나, 스스로 존재하는 셋째까지의 지위도 아니었고, 임명된 다섯째부터의 지위도 아니었다.

어쩌면 임금님의 지시를 직접 수행하기 위해 특별히 남겨둔 지위로 보였다. 옛적의 암행어사나 오늘날 비서실장 같은 역할이었다. 그런데 바로 그 넷째 지위의 사람이 우리 중에 있는 한 형제로 보였다.

그리고 얼마의 시간이 지났는지 모르지만, 우리 공동체 청지기가 이렇게 방송하는 말이 들려왔다.

"우리 중에 있는 한 형제를 위해 출발 시간을 6시에서 7시로 한 시간

늦추도록 하겠습니다. 그가 언제 어떻게 쓰임을 받을지 우리로서는 알수 없지만, 우리 모두를 위한 그런 일이었으면 좋겠습니다."

그리고 다시 얼마의 시간이 지났다. 바로 그 형제가 예수나라에서 존귀하게 쓰임을 받는 모습이 보였다. 그때 은은하게 들리는 찬양 소리가 있었다.

귀를 기울여 보았더니 오래전에 부르던 바로 그 찬송이었다. 형제는 즉시 그 가사 후렴을 메모하였으며, 다시 한 번 적어 기억에 오래 남도록 했다.

"십자가를 질 수 있나 주가 물어보실 때
죽기까지 따르오리 저들 대답하였다.
우리의 심령 주의 것이니 당신의 형상 만드소서.
주 인도 따라 살아갈 동안 사랑과 충성 늘 바치오리다."

그리고 시간을 보니 새벽예배를 드릴 때가 되었다. 찬송가 '십자가를 질 수 있나'를 찾아 함께 불렀다. (2007. 8. 25)

932. 귀신들의 시기

무슨 넝쿨 아래서 어머니께 보낼 편지를 쓰고 있었다. 그때 나무 위에 있던 귀신이 그 편지를 빼앗으려고 하여 앞쪽 2장만 건네주고 도망치듯 빠져나왔다. 그러자 귀신이 무엇이라 지껄이며 뒤쫓기 시작했다.

그런데 도망가는 중에 또 다른 귀신들이 내 앞을 가로막았다. 뒤에는 나무 위에 있던 귀신이 쫓아오고, 앞에는 길가에 있던 귀신들이 가로막아 그야말로 진퇴양난이었다.

그때 놀라운 일이 일어났다. 나무 위에 있던 귀신과 길가에서 달려든 귀신들 사이에 묘한 신경전 같은 것이 일어나는 모습이 보였다.

"누가 더 높고 힘이 센가?"

결국은 그 귀신들 간의 헤게모니(주도권) 다툼으로 이어졌다. 귀신들이 서로 어색하게 한참 노려보다가, 나무 위에 있던 귀신이 나를 보고 소리쳤다.

"뒤돌아보지도 말고, 옆을 보지도 말고, 오직 앞만 보고 곧장 달려가시오!"

그러자 길가의 귀신들이 슬그머니 꽁무니를 빼는 모습이 보였다. 나무 위의 귀신은 우두커니 서서 내 뒷모습만 물끄러미 바라보았다.

그제야 나는 귀신들로부터 벗어나 자유를 되찾았다. 그 후 나와 직접적으로 관련된 일과, 나와 관련된 사람들의 일까지 순탄하게 진행되었다.

그때 사람들이 이해하지 못할 하늘나라의 글처럼 보이는 것이 나타났다. 4자 플러스 4자씩 모두 7문장이 있었다. 모든 것이 'ɣɣ면 ɣɣ다'라는 형식이었고, 그중에서 분명히 기억나는 것은, 헬라어 소문자 '감마(ɣ)'가 2자씩 2번에 걸쳐 반복되었다는 점이다. 하지만 그 의미는 알 수가 없었다. (2007. 8. 26. 주일)

933. 아들과 아비

"네 아버지께 할 말이 있는데…"

어머니가 뭔가 아쉽다는 듯 연거푸 말씀하셨다. 아버지는 얼마 전부터 심장 판막에 염증이 생겨 치료를 받고 있다. 가끔씩 호흡 곤란을 일으켜 입원하였으며 지금은 집에서 가료하고 있다.

그리고 얼마의 시간이 지났다. 아들이 어느 집 처마 밑에서 놀다가 노골적으로 불평을 토로하는 모습이 보였다. 아들은 지난 6월에 입대하여 군 복무 중이다.

부모님에 대한 걱정으로 가뜩이나 의기소침하던 내가 아들에게 분통을 터뜨리고 말았다. 아들을 눕혀 놓고 배에 올라타 손바닥과 주먹으로 마구 두들겨 팼다.

그러자 아들은 땀을 빠작빠작 흘리며 평소 나에 대한 불만을 거침없이 털어놓았다. 그때 나는 내 죄책감으로 몸서리를 쳤다. 더없이 부족한 아들에다 한없이 부덕한 아비의 모습이 주마등처럼 뇌리를 스치고 지나갔다.

"오, 주여! 이 불효막심한 아들을 불쌍히 여겨주소서! 이제 감히 아들이라 일컬음을 받기도 어렵습니다. 오, 주여! 이 무지막지한 아비를 용서하여 주소서! 이제는 정말 아비라 불리기도 부끄럽습니다." (2007. 8. 27)

934. 여운의 울림

사무실에 내 책상이 2개나 있었다. 하나는 크고 다른 하나는 작았다. 나는 작고 보잘것없는 책상을 즐겨 사용했다. 크고 고급스러운 책상은 부담스러워 그냥 비워 두었다.

그러다가 무슨 연유로 생각이 바뀌었는지, 작은 책상의 짐을 챙겨 큰 책상으로 옮겼다. 그때 내가 봐도 좀 이상했다. 한 손에는 서류를 들고 다른 한 손에는 이불을 들고 있었다.

그렇게 책상을 옮기고 보니 내 위상이 약간 높아진 듯했다. 다소 자신감도 생겼다. 그때 나와 함께 근무하면서도 어딘가 모르게 어색한 '빛나는 진주'라는 자매가 내 앞으로 다가왔다.

그 자매의 손을 보니 양손이 다 퉁퉁 부르터 있었다. 오랫동안 물에서 일한 것으로 보였다.

"아니! 무슨 일을 하여 이렇게 손이 부르텄나?"

하면서 안타까운 마음으로 자매의 손을 잡아주었다. 참으로 오랜만에 느껴보는 연민이었다. 한 사무실에서 같이 일하고 있었지만 서로 모른 척하고 지냈던바, 자매에게 말을 건넨 기억도 아련하였다.

자매는 20대 청년 시절부터 나와 함께 개척교회에서 봉사하였다. 그동안 너무 잘 아는 사이여서 딱히 할 말이 없었던바, 그냥 무심하게 지냈던 것이다.

그때 자매의 손바닥을 보니 손가락 마디마디까지 하얗게 부르트고 물집까지 잡혀 있었다. 청소년 시절의 내 손바닥을 보는 듯했다.

사실 나는 유달리 손바닥 껍질이 많이 벗겨져 고생하였다. 나는 그 원인을 알 수 없었지만, 자매는 일을 너무 많이 한 탓이 분명하였다. 그런데 생뚱맞은 말을 했다.

"네 체질이 꼭 나를 닮았구나! 내가 어릴 때 이랬거든. 이게 다 비타민이 부족한 탓이야. 비타민이!" (2007. 8. 28)

935. 잿빛의 시간

내 차에 불이 났다. 뒤쪽 소음기(消音器) 부근에서 발생한 조그만 불씨가, 차체를 따라 앞쪽 엔진까지 옮겨붙어 어쩔 수가 없었다.

옆에 있던 물통의 물을 쏟아 부어보았으나 타오르는 불길을 잡기에는 역부족이었다. 마침 그곳을 지나는 누이들이 있어 도움을 청했으나 소용없는 일이었다. 이제 달리 방법이 없었다.

우선 가스 폭발을 막기 위해 연료 밸브를 중립으로 내리고 자동차 키를 뽑았다. 하지만 불길은 이미 실내까지 번져 키의 손잡이 부분이 누글누글하였다. 차는 금방 폭발할 듯이 보였으며 더 이상 대책이 없었다.

그때 위쪽에서 내려오는 아이들이 있어 빨리 오라고 소리를 질렀다. 그리고 위로 올라가는 사람들을 못 가게 길을 가로막았다.

그리고 119로 전화했다. 전화가 연결되자 다급히 소리쳤다.

"여기요! 온천지구, 행운주유소 우측, 식당 골목 옆, 차에 불이 났어요! 급합니다, 아주 급해요!"

하지만 그들은 그리 대수롭지 않게 여겼다. 남의 속도 모르고 원인과 상태를 꼬치꼬치 캐물었다. 장난 전화로 여기는 듯했다.

"그렇다면, 지금 우리가 간다고 한들 그게 무슨 도움이 되겠소?"

정말 기가 막힐 노릇이었다. 하지만 꾹 참으며 한마디 쏘아붙이고 전화를 끊었다.

"이보시오! 차는 이미 못 쓰게 되었지만, 가스가 폭발하면 어떻게 되겠소? 주유소와 식당은 물론이고, 사람들도 다칠 게 아니오! 그 예방이 필요하단 말입니다! 예방이! 아시겠어요?"

그리고 돌아보니 이게 어찌 된 일인가? 어느새 불은 꺼져 있었고, 푸른 제복을 입은 서너 명의 정비사가 와서 차를 손보고 있었다.

아직 열기가 채 가시지 않은 배관에서 김이 무럭무럭 나고 있었으며, 뿌린 물이 떨어지는 것인지, 아니면 라디에이터에서 새는 것인지 알 수는 없었으나, 여기저기서 물이 뚝뚝 떨어지고 있었다.

그때 운전석 뒤쪽 하체에서 작업하는 정비사가, 여러 개의 배선이 함께 묶인 표피를 벗겨내면서 뭐라 중얼거리는 모습이 보였다.

"이게 대체 어디 있는 거야? 이 속에 들었구먼. 그러니 그랬지!" (2007. 8. 29)

936. 새순의 둑

홍수가 범람할 위험이 있었다. 우리 집 앞으로 둑을 쌓았다. 그 일을 대부분 여종이 맡아 하였다. 나는 안에서 지켜보았다. 어느덧 둑이 절반쯤 쌓였다. 어느 정도 안전하다는 생각이 들었다. 웬만큼 비가 더 내려도 위험한 고비는 넘긴 듯했다.

그때 주님의 음성이 들려왔다.

"새순(筍)을 쌓아라!"

"새순(筍)을 쌓아라!"

"새순(筍)을 쌓아라!"

정확히 3번에 걸쳐 주님의 음성이 들려왔다. 그 즉시 나는 주님의 말씀에 따라 둑을 쌓아야 한다고 여종에게 일러주었다. 그러자 여종은 내 말을 그대로 받아들였다.

하지만 여전히 자기 방식대로 둑을 쌓으려고 하였다. 그러자 일이 좀처럼 진척을 보이지 않았다.

"주님의 말씀에 따라 새순으로 둑을 쌓고, 하나님의 뜻을 겸허히 기다려야 해요!"

하면서 수차례 촉구했다. (2007. 8. 30)

제29편

은혜
나누기

937. 학점 은행제

무슨 공인 기관에서 시행하는 인증 시험을 보았다. 너덧 개의 과목은 무난히 통과했으나 한 과목은 자신이 없었다. 하지만 이번에는 반드시 주님께서 합격시켜 주실 것이라는 믿음이 있었다.

얼마 후 시험을 같이 보았던 서너 명의 친구들과 함께 차를 타고 합격 자를 발표하는 장소로 갔다. 군건한 믿음이 있었던바 차 안에서도 시종 일관 가벼운 마음으로 대화를 나누었다.

그곳에 도착하자 바로 발표가 있었다. 휴대폰으로 합격 여부를 확인 하는 친구도 있었고, 서둘러 건물 안으로 들어가는 친구도 있었다. 그렇 게 친구들은 일순간 흩어지고 나만 홀로 덜렁 남았다.

약간 썰렁한 기분이 들었다. 나도 건물 안으로 들어가려고 발걸음을 옮겼다. 그때 바로 앞에 놀이기구 같기도 하고 아닌 것 같기도 한, 무슨 장애물이 있어 그것을 넘어가게 되었다. 그러자 그 앞으로 푸른 잔디가 쭉 깔려 있었다. 군데군데 널찍한 바위도 놓여있었다.

이미 합격 여부를 확인한 사람들이 그 바위에 앉아 담소하는 모습이 보였다. 그들을 바라보며 건물 안으로 들어갔다. 처음에는 장소를 몰라 아래층으로 내려갔다가 다시 7층으로 올라갔다.

현관문 앞에서 함께 차를 타고 왔던 '인증 받음'이라는 친구를 만났다. 그가 나를 보더니 자기 뒤통수를 긁적이며 말했다.

"너는 안 붙었더라."

그는 다른 친구들의 합격 여부까지 다 확인하고 늦게 나온 듯했다.

"뭐여?"

철석같이 믿었던 시험에 또 떨어져 실망이 너무 컸다. 섭섭한 마음을 넘어 불신의 장막이 내 앞을 가로막는 듯했다. 정말 하늘이 노랗고 앞이 캄캄했다.

"아, 세상에 이럴 수가? '그래도 혹시나' 한 것이 '참으로 역시나'가 되어 버렸구나!"

그럼에도 내 마음 한구석에는 무엇인가 여전히 든든한 느낌이 있었다. 비록 시험에는 떨어졌으나, 주님의 성령이 함께하신다는 믿음만은 떠나지 않았다.

합격했다면 더할 나위 없이 좋았겠지만, 떨어졌다고 해도 크게 낙심할 것이 없다는 생각이 들었다. 굳이 합격자들과 비교하여 상대적 박탈감이나 서러움을 느낄 필요까지 없다는 생각이었다.

그래서 담담하게 현관문을 열고 사무실 안으로 들어갔다. 어차피 거기까지 올라갔으니 내 눈으로 직접 확인하고 싶었다. 그때 사무실 가운데 앉은 직원이 어떻게 왔느냐고 물었다. 모른 척하고 수험표를 보여주었다.

그러자 그가 즉시 컴퓨터를 두드려 내 시험 결과를 조회하였다. 그때 큰 글자 3개가 화면 가운데 주르륵 뜨면서 내 눈에 들어왔다.

"不合格(불합격)"

"不合格(불합격)"

"不合格(불합격)"

컴퓨터 화면 중앙에 네모난 양식이 있었고, 그 안에 3개의 줄과 3개의 칸이 있었는데, 그 모든 칸에 불합격이라는 큰 글자가 선명하게 찍혀 있었다.

그런데 그가 한눈에 결과를 확인할 수 있었음에도, 여기저기를 한참 살펴보다가 말했다.

"며칠 내로 공문을 보내드릴 예정이었지만, 지정된 곳에서 24시간 봉사해야 합니다."

하면서 들고 있던 수화기를 내게 건네주면서 무엇인가 급히 문서를 작성하였다. 나는 영문도 모른 채 그것을 들고 있다가, 이미 통화가 끝났음을 확인하고 전화기에 올려놓았다.

그러고 보니 불합격이라고 찍힌 칸 옆에 비고란이 있었고, 거기 무슨 단서 조항이 있었다. 맨 아랫줄 비고란과 맨 윗줄 비고란에 단서가 있었고, 가운데 비고란은 공란이었다.

그의 설명을 들어보니, 나는 3번 시험을 보고 3번 떨어졌으며, 첫째와 셋째 시험에서, 사회봉사로 부족한 점수를 충당할 경우, 합격자와 동일한 자격을 부여한다는 단서가 있었던 것이다. 불합격자로서 조건부 구제 대상자였던 것이다.

그러니까 학점 은행제와 비슷한 방법으로 부족한 점수가 채워질 경우, 사후에 인증서를 주는 사회봉사 제도처럼 보였다. 그런데 처음에는 나도 모르게 그냥 지나갔으나, 이번에는 담당자를 직접 만나 그 내용을 소상히 듣고 알게 되었다. (2007. 8. 30)

938. 맘몬의 영

'크고 의로운 믿음'의 자매가 운영하는 '믿음의 가게'를 찾아갔다. 마침 자매가 실내 장식을 막 끝내고 영업을 시작하였다. 그동안 무슨 일이 있었는지 자세히 알 수는 없었으나, 나는 현실적으로 있을 수 없는 요구를 하였다.

"내가 가게를 넘겨줄 때, 단 한 푼의 보증금도 받지 않고 그냥 주었다. 장사를 하다가 가게를 인계할 때, 반드시 내게 보증금을 돌려주어야 한다. 이를 건물주와 만나 확실히 약속해야 한다."

그런데 자매의 표정은 시종일관 무덤덤하였다. 어쩌면 지극히 당연하다는 듯 그런 모습이었다. (2007. 9. 2. 주일)

939. 간이 휴게소

칠흑같이 어두운 밤길을 걷고 있었다. 차라리 보지 않는 편이 나을 것 같아 아예 눈을 감고 걸었다. 길이 꼬불꼬불한 것처럼 느껴졌고, 우측은 끝을 알 수 없는 낭떠러지로 짐작되었다. 게다가 난간이 없어 한 발자국이라도 헛디딜 경우 허공을 날을 듯했다.

그래서 조금 가다가 좌측의 바위를 만져보고 발아래를 더듬으며 얼마쯤 가곤 했다. 다행히 좌측에는 손으로 더듬을 수 있는 기둥 같은 바위와 몸을 기댈 수 있는 약간의 공간이 있어 잠깐씩 쉬어갈 수 있었다. 정말 아슬아슬한 공중 곡예를 하는 것처럼 느껴졌다.

그때 한 자매가 내 뒤를 따라오고 있었다. 나를 붙잡고 오는 것이 아니라, 한두 발짝 뒤에서 나름대로 위험을 무릅쓰고 따르고 있었다. 누가 시키지도, 부탁하지도 않았지만, 스스로 오고 있었다.

그래서 그런지 나는 외롭지 않았다. 심각하게 무섭다거나 위험하다는 생각이 들지 않았다. 내 걱정보다는 오히려 자매에 대한 걱정이 앞섰다.

그렇게 눈을 감고 조금씩 가다가 보니 어느새 날이 밝아 있었다. 그곳이 최종 목적지는 아니었으나 간이 휴게소가 나왔다. 모든 순례자가 쉬었다가 가는 곳으로 보였다. 우리도 거기서 잠시 쉬었다. (2007. 9. 5)

940. 초원의 집

강이 범람하여 우리가 살고 있는 산 중턱까지 물살이 넘실거렸다. 그러다가 순식간에 물이 쭉 빠지더니, 언덕 위에 아담하고 예쁜 집이 나타났다.

그때 가지런히 쌓인 그 집 돌담 사이에서 다양한 풀이 자라나기 시작했다. 금방 녹황색의 잎을 가진 화초들이 온 집을 덮을 듯이 보였다.

아니나 다를까, 금세 수채화 속에서나 볼 수 있는 아름다운 초원의 집이 되었다. 그 돌담 아래쪽 뜰에는 우물이 하나 있었고, 우물가에 얼룩무늬 제복을 입은 예비군들이 모여 있었다.

그때 다소 덩치가 큰 예비군 하나가 자신의 늠름한 물건을 꺼내 오줌을 싸면서 뭐라 지껄이는 모습이 보였다. 그의 오줌 줄기가 마치 호스를 들고 물을 뿌리는 듯했다.

조금 떨어진 언덕 위에서 그 모습을 지켜보던 나는, 민망하기 짝이 없어 옆에 있는 여종에게 말했다.

"저 인간들은 개구리복만 입으면 저 모양이니 정말 알다가도 모를 일이야!" (2007. 9. 9. 주일)

941. 옥토 밭

잡초를 뽑아내고 갈아놓은 밭에 서 있었다. 그 밭에 가시나무 순이 몇 개 올라오는 모습이 보였다. 얼마 전 뽑아낸 가시나무 그루터기에서 다시 뿌리가 내리고 있었다.

그때 예정된 일을 바꾸려고 나쁜 기운이 일어나는 모습이 보였다. 정신을 가다듬고 소용돌이치는 그 기운을 몰아냈다. 그리고 가시나무 순과 그루터기를 함께 잡고 힘껏 당겼더니, 생각보다 쉽게 뿌리가 뽑혀 멀리 던져버렸다.

그리고 돌아보니, 가시나무 순과 그루터기, 소용돌이치며 밭 가운데 구멍을 뚫던 기운은 온데간데없이 사라지고, 오직 옥토 밭만 있었다.

(2007. 9. 9. 주일)

942. 세월의 바람

무슨 일로 청년들과 함께하게 되었는지 알 수 없었지만, 나는 나이에 걸맞지 않게 그들과 더불어 동행 동역하며 살아가고 있었다.

어느 날 출근을 하려는데 내 옷이 보이지 않았다. 여기저기 둘러보다가 창고 천정에 매달려 있는 것을 발견했다. 그동안 나는 청년들과 같은 행어(hanger)를 사용하였다. 그것이 불편하였는지 내 옷만 골라 대들보에 매달아 놓은 것으로 보였다. 그들의 리더인 '혁신 재목'이 그렇게 한 듯했다.

그는 내가 고등부 부감으로 있을 때 학생회장이었다. 또 3학년 담임도 겸하여 내가 사랑하는 제자였다. 평소 그는 리더로서 성실하고 심성이 착했던바, 고개를 갸우뚱할 수밖에 없었다.

그때 청년들이 모두 학교에 가서 부탁할만한 친구도 없었다. 이리저리 둘러보아도 방법이 없어 벽에 붙은 선반 위로 올라갔다. 선반은 고정되지 않고 양쪽에 살짝 얹힌 상태였다.

조금만 삐끗하거나 균형을 잃을 경우 선반과 함께 아래로 떨어질 수 있었다. 조심스럽게 살금살금 기어 올라가 위쪽으로 손을 뻗어보았으나 어림도 없었다.

그때 선반 옆에 긴 장대가 세워져 있어 그걸 들어보았으나 닿지 않았다. 아래로 떨어뜨리고 다른 장대를 끌어당겨 보았으나 오히려 더 짧았다. 또 다른 장대도 들어보았으나 중간이 부러져 던져버렸다. 그 외에도 여러 개의 장대가 있었으나 하나도 맞지 않았다.

조심스럽게 선반 위에서 일어나 보았으나 손이 닿지 않았다. 꽤 많은 시간을 들여 다양한 방법을 강구해 보았으나 모두 허사였다.

더 이상 어쩔 수 없어 아래로 내려가게 되었다. 그때 창고 바닥에서 무엇을 찾으려고 여기저기 둘러보는 사람이 보였다. '동녘 근면'이었다. 그에게 바지라도 하나 빌려 입으려고 말을 건넸다.

"오늘 쉬는 날이야?"

"응, 오늘 하루 휴가야!"

마침 잘됐다 싶어 말을 꺼내려는 순간, 주변이 갑자기 시끌벅적하여 돌아보았다. 그런데 사람은 보이지 않고 길고 탄탄해 보이는 장대가 바닥에 떨어져 있었다.

"옳지, 저거면 되겠구나!"

하면서 장대를 잡아 들어보니 바닥에서도 여유롭게 천정에 닿았다. 해결책은 의외로 간단한 데 있었다. 그동안 힘쓰고 애쓴 것이 무색하였다.

(2007. 9. 11)

943. 파워 바둑

어떤 사람이 와서 말했다.

"청장님이 파워 바둑을 찾고 있습니다. 아시는 분은 알려주시기 바랍니다."

그리고 보니 며칠 전 '철석 붙음'이라는 사람이 우리 집에서 혼자 바둑을 두다가 그대로 두고 간 사실이 기억났다. 그런데 파워 바둑이 인터넷으로 두는 것인지, 아니면 무슨 기기로 두는 것인지 알 수 없었다.

아무튼, 혼자 조용히 즐길 수 있는 바둑으로 짐작되었다. 그래서 서둘러 집으로 돌아갔다. 철문이 굳게 닫혀 있었다. 언제 분실하였는지 대문 열쇠가 없었다.

그때 '최초 기상'이라는 옛 동료가 다가와 스카치테이프가 붙은 열쇠를 그 구멍에 꽂아 주었다. 그러고 보니 그 열쇠도 언젠가 내가 만들어 준 것이었다.

그래서 문을 열고 방에 들어가 보니 벽에 걸린 시계가 첫눈에 들어왔다. 9시 방향에 시침과 분침이 모여 있어 이미 출근 시간이 지났는가 싶었다.

그런데 자세히 보니 7시 45분이었다. 다행이었다. 출근 시간이 1시간쯤 소요되니 아직 15분가량 여유가 있었다. 그때 싱크대를 보니 손잡이가 달린 작은 냄비에 쌀이 담겨 있었다. 그사이에 밥을 지어 먹을 수 있을 듯했다.

그리고 돌아보니 그곳은 가정집이 아니라 예배당이었다. 앞쪽 강단을 바라보니 강대상 아래 성찬 상이 놓여 있었고, 성찬 상 위에 우산 비슷한 것이 펴진 채 세워져 있었다.

누군가 예배당을 우상의 제단처럼 치장했다는 생각이 들었다. 순간적으로 으스스한 기분이 들었다. 그래서 철문을 열고 말발굽을 괴었더니 위쪽 장석이 빠져 문이 떨어지려고 했다. 조심스럽게 바로 세우고 문을 괴었다.

그리고 다시 파워 바둑을 찾으려고 하였으나 방법이 없었다. 파워 바

둑이 어떻게 생긴 것인지 몰라 더욱 난감했다. (2007. 9. 11)

944. 형통 도래

오래전에 딱 한 번 가본 적이 있는 병원을 찾았다. 부부 의사와 간호사 1명이 전부였고 예전과 달리 한가한 모습이었다.

"요즘 어떠세요?"

"문 닫을 형편이에요."

"아니, 이런 병원까지. 말이 됩니까?"

"오죽하면 제가 다니던 대학원까지 그만두었겠어요. 제가 가장 큰 피해자입니다."

부인 의사가 맥없이 말했다. 그때 로비에서 아이들이 말 타는 놀이를 하고 있었다. 처음에는 '이익 도래'가 '정의 도래'를 업고 있더니, 나중에 보니 '이익 도래'는 보이지 않고, '형통 도래'가 '정의 도래'를 업고 있었다.

그때 창문을 통해 병원 안을 들여다보니 간호사가 의자에 앉아 졸고 있었다. 부인 의사는 아예 바닥에 드러누워 있었으며, 남편 의사는 어디를 외출하려고 옷을 갈아입고 있었다.

"오, 주여! 이 지역에 꼭 필요한 병원이 왜 이렇게 되었나요? 누가 병원을 독점이라도 했는가요?" (2007. 9. 12)

945. 조리 슬리퍼

'마지막 덕행'과 '대단한 시절'이 나와 함께 야근을 했다. 일을 마치고 귀가할 때 '마지막 덕행'이 말했다. 그는 팀장이었다.

"합당한 대우를 못 해줘서 정말 미안해."

나는 괜찮다고 하면서 복도로 나왔다. 운동화와 슬리퍼가 있었다. 슬리퍼를 신었다. 발가락 사이에 끈을 끼우는 조리 슬리퍼였다. 너무 작아서 발에 맞지 않았다.

그래서 엄지발가락이 아닌 둘째와 셋째 발가락 사이에 가까스로 끈을 끼웠다. 발가락이 없는 오른쪽 발에도 억지로 밀어 끼워 넣었다.

그때 비가 와서 땅이 질퍽질퍽했다. 몇 발자국도 못 가서 양말까지 더러워졌다. 하지만 별도리가 없었다. 슬리퍼 끈을 단단히 동여매고, 작은 개울을 건너 산비탈을 오르기 시작했다.

토끼 길처럼 좁고 꼬불꼬불하였으며, 그나마 산사태를 만난 듯 여기저기 떨어져 나간 곳이 많았다. 다행히 슬리퍼가 발에 찰싹 달라붙어 비탈길을 지날 때도 미끄러지거나 벗겨지지 않았다.

그렇게 조심조심 산허리를 돌아가 보니, '대단한 시절'이 얼마쯤 앞에서 걸어가고 있었다. 최악의 조건으로 최악의 환경을 벗어난 듯했다.

그때 힘든 길을 다 지난 듯 마음이 홀가분하였다. 그리고 '대단한 시절'의 뒤를 따라 푸른 초원의 길로 들어섰다. (2007. 9. 17)

946. 수어지교

아무도 보이지 않을 만큼 방파제를 빙 돌아가 조금 멀리 떨어진 곳에 낚시를 던졌다. 그리고 한참을 기다려 보았으나 통 소식이 없었다.

그러다가 낚싯대를 끌어당겨 보고 싶은 충동이 있어 살짝 퉁겨 봤더니, 뭔가 묵직한 손맛이 느껴졌다.

"이런, 나도 모르게 큰놈이 걸렸구먼!"

조금 당겼다가 늦춰 주고 다시 끌어당기며 실랑이를 하다가, 한참 만에 들어 올려보니 뱀장어 같은 놈이 매달려 있었다.

"어, 뱀장어잖아!"

그런데 좀 더 가까이서 보니 뱀장어치고는 머리와 몸통이 너무 컸다.

"아니, 오리잖아. 오리가 어떻게?

널찍한 주둥이와 둥글납작한 대가리, 오동통한 몸뚱어리가 오리 같았다. 그래서 머리를 몇 대 내리쳐 실신시킨 뒤 바늘을 빼려고 하였더니, 뭉떵한 주둥이가 개처럼 보여 멈칫했다.

"이런, 개잖아?"

그러고 보니 그리 크지도 않고 작지도 않은 개 2마리가 연이어 매달려 있었다. 한 마리는 다른 개를 꽉 물고 따라온 우리 개였고, 다른 개는 미끼에 의해 낚인 낯선 개였다.

우리 개가 그 개를 놓치지 않으려고 끝까지 꽉 물고 있었으며, 그 개는 기절하여 축 늘어져 있었다. 그럼에도 우리 개는 계속 물고 있었다. 그 개에 대한 의리인지 사랑인지, 아니면 주인에 대한 충성인지 몰랐으나 정말 최선을 다하는 모습이었다.

그때 우리 개도 힘이 빠져 기진맥진한 상태였다. 그 개를 낚싯대에서 분리하자 그제야 비로소 물은 것을 놓았다. 죽어도 같이 죽고 살아도 같이 산다는 수어지교(水魚之交)의 대물로 느껴졌다.

또 옛날 중국의 변방 노인이 기르던 말이 멀리 달아났다가, 어느 날 다른 준마 한 필을 데리고 왔다는 새옹지마(塞翁之馬)라는 고사도 생각났다.

그리고 자매가 한쪽 구석에 축 늘어져 있는 개에게 음식을 갖다 주자, 우리 개도 기력을 되찾아 함께 먹기 시작했다. 그래서 나는 단번에 개 두 마리를 낚는 유래 없는 대기록을 세웠다. (2007. 9. 21)

947. 선택의 기로

우리가 일하는 사무실은 5층에 있었다. 부서장을 비롯하여 모든 직원이 가족처럼 화기애애하게 지냈다. 어느 날 점심시간에 구내식당으로 내려갔다. 식당 종사자들이 직원을 위해 정성껏 음식을 준비한다는 소문이 들렸다.

식당으로 들어가는 길은 홀을 가운데 두고 우측과 좌측에 있었다. 평소 우리는 우측으로 다니며 조금도 불편함이 없었다. 그런데 그날은 무슨 일로 좌측 줄에 서 있었다.

중간에 우측으로 넘어가는 길이 보였다. 몇몇 사람이 그 길을 통해 우측으로 넘어갔다. 그때 그대로 가라고 말리는 사람도 있었다.

정황상 우측 길은 평탄하였으며 좌측 길은 그러지 못한 것이 분명했다. 하지만 양쪽 줄 모두 길게 늘어서기는 마찬가지였다.

그때 나는 한 번쯤 좌측으로 가보고 싶은 호기심이 생겨 그대로 가기로 했다. 얼마 후 좁은 구름다리를 타고 허공을 지나가고 있었다.

이쪽에서 저쪽으로 거의 다 건너가 불과 몇 미터를 남겨 두었다. 그때 내 뒤를 바짝 따라온 사람이, 내가 서 있는 발아래를 툭 차자 바닥에 깔린 판자가 우수수 떨어지고 말았다.

"이런, 큰일 날 뻔했잖아!"

그러고 보니, 내가 선 곳이 허공이었다. 양발은 아래쪽 줄에 얹혀 있었고, 양손은 위쪽 줄을 붙잡은 채 아슬아슬하게 지나가고 있었다.

그리고 앞을 보니, 언제 떨어졌는지 길은 없고 밧줄만 외로이 걸려 있었다. 마치 밧줄을 타고 공중 곡예를 하는 느낌이었다.

다행히 우측 벽을 보니, 지붕과 연결된 창가에 사람 하나 겨우 지나갈 정도의 통로가 있었다. 그곳으로 올라가 얼마쯤 기어가면 식당으로 내려갈 수 있을 듯했다.

그런데 내 우측 다리가 창으로 올라가지 않았다. 밧줄에서 창까지는 1m쯤 되었다. 그래서 뒤쪽 사람에게 내 오른쪽 다리를 밀어달라고 부탁하고, 오른쪽 손가락 몇 개로 창틀 아래 좁은 홈을 꽉 잡고 올라갔다.

이어서 조심스럽게 살금살금 기어 경사지고 꼬부라진 작은 샛길을 지나갔다. 그리고 미끄러지듯 쭉 내려가자 바로 식당으로 연결되었다.

그때 애당초 우측 길로 들어간 사람들은 벌써 식사를 마치고 돌아간 듯했다. 뷔페식 음식도 거의 동나 바닥이 드러난 상태였다.

내가 좋아하는 잔치국수 다라를 보니 아래쪽에 몇 타래가 남아 있었다. 그것을 그릇에 담아 육수를 부었다. 시간이 오래되었는지 많이 부풀어 있었다. 하지만 국수를 먹을 수 있다는 것에 감사했다. (2007. 9. 22)

948. 돌아온 빛

우리가 일하는 사무실 뒤에 쪽방이 있었다. 거기서 '거룩한 훈장'이 바닥에 타일을 붙이고 있었다. 오래전 내가 쓰던 방으로 이제 '돌아온 빛'이 사용하려고 했다.

'돌아온 빛'은 옛 동료로서 깔끔한 성격에 안정된 생활을 하였다. 그런데 어찌 된 영문인지 의아스러웠다. 그동안 무슨 일이 있어서 두 사람도 살기 어려운 쪽방을 쓰려고 하는지 안쓰러운 마음이 들었다.

그 방은 작기도 하였지만, 얇은 판자때기에 신문지 쪼가리를 붙인 벽으로 외풍이 심해 모질게 추웠다. '돌아온 빛'이 나를 보고 말했다.

"이렇게 벽에도 붙이면 되겠지?"

"안될 거야, 안 돼! 이런 벽에 어떻게 타일을 붙여?"

나는 직설적으로 서슴없이 말하고 안쪽 벽을 흔들어 보였다. 사실 안쪽은 판자때기가 떨어져 종이 쪼가리만 더덕더덕 붙은 벽으로 조금만 흔들어도 펄럭거렸다. 그러자 그가 다시 말했다.

"내가 또 헛일을 하는지 몰라!" (2007. 9. 23. 주일)

949. 산마을

그 후 나는 내 갈 길을 갔다. 어느 개천가를 따라 평탄한 길을 걷고 있었다. 어느새 물이 불어나 계곡을 따라가는 길이 잠기고 보이지 않았다. 길옆에 있던 집들도 이미 물에 잠겨 사람들이 피신하고 없었다.

결국은 계곡 길을 포기하고 가파른 고갯길을 택해 산으로 올라갔다. 고갯마루에 올라서 보니 우리가 사는 마을이 훤히 보였다.

그렇게 산마을에 도착해 보니, 평탄한 계곡 길을 따라 돌아서 올라오는 것이나, 가파른 고갯길을 따라 질러서 올라오는 것이나 별반 차이가 없었다.

우리와 함께 사는 가족들 중에 짓궂은 아이가 2명 있었다. 그 하나는 팔에, 다른 하나는 다리에 매달려 내 몸을 가눌 수 없었다. 그러다가 산 아래쪽 흉흉한 강물에 떨어질지 모른다는 생각이 들었다.

그때 우리 눈에 보이지 않는 어떤 분이 와서 우리를 도와주었다. 나는 즉시 아이들의 부담에서 벗어나 자유로웠다. (2007. 9. 23. 주일)

950. 순례의 길

순례자들과 함께 그리 완만하지도 않고 심하지도 않은 민둥산을 내려가고 있었다. 나는 지팡이를 짚고 천천히 내려갔으며, 여종은 조심스럽게 내 뒤를 따랐다. 저만큼 아래쪽에서 우리를 향해 뭐라고 일러주는 사람이 있었다.

그때 '근심 구멍'이라는 사람이 내려가다가 갑자기 자신의 몸을 날려 그 안내자를 한방 갈겼다. 아닌 밤중에 홍두깨라더니 느닷없이 얻어맞은 안내자가 뒤로 벌렁 자빠졌다.

그러나 즉시 일어나 번개같이 몸을 날려 되레 한 방 먹이자, 이번에는 '근심 구멍'이 뒤로 벌렁 자빠지는 모습이 보였다. 서로가 한 방씩 먹이고 자빠진 뒤 일어나 마주 보며 눈싸움을 벌였다. 하지만 더 이상 주먹은 오가지 않았다.

그사이 나는 그들이 서 있는 곳까지 내려가게 되었다. 지팡이를 짚고 절룩거리는 내 모습을 보고 안내자가 말했다.

"당신은 내가 직접 모시고 가겠소!"

그래서 그와 함께 산에서 내려갔더니 아래쪽에 넓은 강이 있었다. 강둑을 따라 쭉 올라가면서 보니 우측에 또 하나의 작은 산이 있었고, 그 산등성이를 따라 오른쪽으로 돌아가는 오솔길도 있었다.

그러고 보니 불과 얼마 전에 우리는 그 좁은 길을 따라 내려왔다. 강을 건너 민둥산으로 올라갔다가, 이제 다시 반대편으로 내려가고 있었다. 그래서 서슴없이 우측 오솔길로 접어들었다. 그런데 조금 가다가 보니 산사태로 길이 유실되고 없었다.

예전에 길을 만들 때 산비탈에 쌓은 축대가 허물어져 돌들이 아래로 떨어졌고, 위에 일부 남은 돌마저 건들기만 하면 금방 쏟아질 것 같았다.

그래서 위험하기도 하였지만, 발 디딜 틈조차 보이지 않아 아무래도 건너기가 어려울 듯했다. 더욱이 좌측은 가파른 절벽으로 올라갈 수가 없었고, 우측은 사람 한두 키 정도의 낭떠러지와 그 아래에 강물이 넘실거리고 있었으며, 뒤로는 순례자들이 줄지어 오고 있어 그야말로 진퇴양난이었다.

혹시나 하고 들고 있던 지팡이로 일부 남은 돌들을 두드려 보았더니, 아니나 다를까 그마저 아래로 우르르 떨어지고 말았다. 그러자 축대는 흔적도 없이 사라졌고, 할퀴고 지나간 산사태의 자취만 남았다.

그때 어떤 사람이 나타나 한 넝쿨을 잡고 흔들어 보이면서 타잔처럼 그것을 잡고 건너가라고 했다. 하늘 높은 곳에서 내려온 넝쿨로 보였다.

하지만 나는 그 말을 100% 믿을 수가 없어 멈칫거렸다. 만에 하나라도 넝쿨이 떨어지면 즉시 수백 길 아래 강물로 떨어져 죽을 것이 뻔했기 때문이다.

그러자 그가 직접 넝쿨에 매달려 건너편으로 갔다가 다시 돌아와 말했다.

"이렇게 하면 되잖아? 이제 안심하고 건너 가!"

그의 시범을 직접 눈으로 목격한 후 안심이 되어 넝쿨을 잡고 몸을 박찼다. 순간 참으로 놀라운 일이 일어났다. 믿음으로 발을 떼는 순간 공중으로 날기 시작했다.

마치 행글라이더나 열기구를 타고 창공을 날아가는 듯했다. 조난을 당한 사람이 소방 헬기에 매달려 구조되는 것처럼 느껴지기도 했다.

그렇게 내 몸이 공중으로 한참 날아가더니, 강가로 이어진 오솔길을 빙 돌아 어느 어촌 마을에 이르렀고, 이어서 조그만 항구가 한눈에 들어오는 양지바른 언덕의 안전한 축대 위에 사뿐히 내려앉았다.

저 멀리 하늘 높은 곳에서, 긍휼히 풍성하신 하나님께서 넝쿨을 내려

우리를 극한 어려움에서 구원하시는 것이 분명하다는 생각이 들었다.

그리고 돌아보니, 내 힘과 노력이 아니라 하늘에서 넝쿨을 내려주신 하나님의 손길과, 몸소 시범을 보여주신 그분에 의해 구원에 이른다는 사실이 확실했다.

그때 나는 말할 수 없는 묘한 기분에 사로잡혀 손가락 두 개로 V자를 그리면서 아래쪽에 있는 사람들을 향해 크게 소리쳤다.

"할렐루야!"

그러자 그들도 똑같은 모습으로 화답했다.

"할렐루야!"

그리고 돌아보니, 내 바로 옆 우측 바위 밑에 옹달샘이 하나 있었다. 그 물을 마시려고 일어나 그 샘 곁으로 천천히 걸어갔다. (2007. 9. 30. 주일)

951. 반액 스티커

차를 몰고 가다가 정지 신호에 걸려 잠시 대기하고 있었다. 교차로에서 좌회전 깜빡이를 켜고 있다가 신호가 떨어짐과 동시에 앞으로 나아갔다.

그때 왼쪽에서 느닷없이 오토바이가 달려오는 모습이 보였다. 깜짝 놀라 핸들을 바로 잡으며 브레이크를 밟았다. 가까스로 오토바이는 돌아서 앞으로 지나갔으나, 나는 앞으로 많이 나아가 좌회전을 하기 어려웠다.

그때 맞은편에서 신호를 기다리던 버스 기사가 빨리 돌아가라고 손짓을 하였다. 나는 교차로 복판에 있었으나 위험을 무릅쓰고 좌회전을 하였다. 어쩌면 그게 최선이었다.

그러자 멀리서 그 모습을 보고 여경이 다가와 면허증을 보자고 했다. 나는 내 잘못을 알고 서슴없이 패스포트를 꺼내 펼쳤다. 면허증에 복지카드가 함께 꽂혀 있었다.

여경이 보고 뭐라 한마디 하면서 그것도 함께 달라고 하였다. 여경이 면허증과 복지카드를 들고 어디를 급히 갔다가 돌아와 스티커를 끊어주었다. 받아보니 반액 스티커였다. (2007. 10. 1)

952. 실파

나는 새벽에 일찍 일어나는 얼리버드(early bird)다. 그래서 오후에 곧잘 피로감을 느낀다. 오늘도 예외가 아니었다. 잠시 눈을 감고 누웠더니 비닐 봉투가 하나 보였다. 무엇인가 주워 담을 필요성을 느꼈다.

그런데 봉투 속에 무엇이 들어있었다. 실파였다. 한 단은 바로 세워져 있었고, 다른 한 단은 그 위에 엎어져 있었다. 그때 갑자기 엎어진 단이 벌떡 일어나 세워진 단 옆에 나란히 섰다. 그러자 비닐 봉투가 실파로 가득 채워졌다.

그리고 길을 가는데, 얼마쯤 앞에서 불꽃 같은 것이 비 오듯 쏟아지고 있었다. (2007. 10. 5)

953. 직불 카드

어느 건물 2층에서 밥을 먹었는지, 아니면 무엇을 샀는지 분명치 않지만, 직불 카드로 결제하고 영수증을 받아 서둘러 계단을 내려갔다.

그때 결제하고 받은 카드 전표 3장이 모두 내게 온 것을 발견하고 발길을 멈추었다.

"이런, 2장을 돌려주고 와야겠군!"

"아니야, 직불 카드라서 이미 돈이 나갔을 텐데 뭘?"

"아니지, 그래도 주인이 나를 이상하게 볼지 몰라!"

"괜찮아, 바쁜데 그냥 가도 돼. 혹시 빠져나간 돈이 돌아오면 몇 천 원 벌지 뭘 그래!"

"에라, 나도 모르겠다. 그러면 그러지!"

비록 짧은 시간이었으나 이런저런 생각으로 갈등을 겪으며 다시 아래쪽으로 발길을 돌렸다. 바로 그때였다.

"이보시오! 전표를 주고 가야지. 사람이 그러면 쓰나?"

그 순간 나는 쥐구멍이라도 찾아 들어가고 싶은 심정이었다.

"아! 세상에 이럴 수가? 부질없는 생각에 사로잡혀 내가 주님의 얼굴에 먹칠을 했구나! 이러고도 내가 주님의 제자라고 할 수 있는가?"

그리고 거울을 보니, 내 얼굴이 마치 마귀 새끼가 헐뜯고 지나간 걸레처럼 보였다.

얼마 후 상한 마음을 추스르고 차를 타려고 가면서 보니, 한 자매가 먹은 음식을 토하며 걸어가는 모습이 보였다. 얼마 전 부질없이 욕심을 부리며 마구잡이로 먹어대더니, 제대로 소화를 시키지 못하는 듯했다.

그때 다른 한 자매가 그 자매의 등을 두드리며 격려하는 모습이 보였다. 그녀가 토하는 것을 보니 어묵 같은 덩어리가 줄줄 쏟아져 나왔다.

안타까운 생각에 가까이 가서 보니 그녀가 토해낸 것이 자기 내장이었다. 간과 허파, 쓸개 등이 창자와 함께 통째로 그 옆에 있었다.

"저런, 내장이 나왔군!"

그러자 토하던 자매가 보고 말했다.

"정말 그러네!" (2007. 10. 7. 주일)

954. 자라

손바닥만 한 자라 한 마리가 이리 뛰고 저리 뛰면서 도망치려고 발버둥을 쳤다. 하지만 사방이 벽이라 쉽게 달아나지 못했다.

하지만 그 자라를 잡으려고 하였더니 얼마나 빠른지 도저히 잡을 수가 없었다. 여기저기 이쪽저쪽으로, 마치 영화 속의 홍길동이 같이 동에서 번쩍, 서에서 번쩍했다.

그러다가 맞은편 산기슭에 사뿐히 내려앉아 잠시 정신을 가다듬는 모습이 보였다. 모가지를 쭉 빼고 사방을 둘러보다가 무슨 생각에 잠기는 듯했다.

그때 나는 자라가 산으로 멀리 달아나려고 호흡을 가다듬는 것으로 생각했다. 그래서 포기하려고 하였다.

'이제는 틀렸구나!'

그런데 어느새 그 자라가 내가 서 있는 곳으로 내려와 모가지를 쭉 빼고 넙죽이 엎드려 있었다. 바로 이때다 싶어 등껍질을 꽉 밟았다. 자라는 이미 모든 것을 포기하고 자기 운명을 내게 맡긴 듯 더 이상 저항하지 않았다. (2007. 10. 8)

955. 먼저 공경

김장용 배추와 무 씨앗을 뿌렸다. 며칠 후에 둘러보니 여기저기 싹이 돋아나고 있었다. 그때 어떤 할아버지가 와서 5에 5를 곱해 뿌렸으니 25를 수확할 것이라고 하였다.

그 후 송이 따는 사람 5명을 태우고 어디를 갔다. 군데군데 길이 굽고 좁아서 도저히 빠져나갈 수 없었다. 게다가 환갑을 넘긴 고물 차에 장정 5명을 태우고 내리막길을 달리다 보니, 차의 하중 때문에 차를 세우기도 쉽지 않았다.

그래서 뭐라 한 마디하고 그냥 밀고 나갔다. 차체가 길모퉁이에 닿는 소리가 들렸다. 이미 각오하고 있었기에 아랑곳하지 않았다. 몇 구비를 더 돌아서 시장처럼 보이는 광장으로 들어갔다.

마침 수리를 겸하는 고물상이 있어 그 앞에 차를 세우고 살펴보았다. 차체는 이상이 없었지만, 바퀴 너트가 빠져 걸떡거렸다.

'먼저 공경'이라는 사람이 건물 안으로 들어가 바퀴를 고정시킬 너트를 찾아 건네주었다. 끼워보니 딱 맞았다. 그때 그가 차에 탄 사람들을 먼저 모셔다드리라고 일러주었다. 그리고 막간을 이용하여 한마디 덧붙였다.

"이제 나도 예수 믿기로 했어!"

"그래! 그런데 그동안 무슨 일이라도?"

그때 그가 어떤 사람을 마구 욕하며 그 꼬락서니가 보기 싫어 교회에 나간다고 했다. 마음에 정한 교회가 있느냐고 물었더니 아직 없다고 했다.

그래서 내가 좋은 교회를 알아봐 주겠다고 했다. 그리고 차에서 기다릴 사람들을 생각하여 서둘러 자리를 떴다. (2007. 10. 18)

956. 전갈

상당 기간 상자 속에 가둬둔 전갈을 놓아주었더니 여전히 팔팔하였다. 그대로 두면 위험할 것 같아 등껍질을 조금 벗겨 힘을 못 쓰게 하려고 했다.

전갈도 가재처럼 생겨서 등껍질을 위로 젖힐 수가 있었다. 그래서 등가죽을 얼마쯤 잡아당겨 벗기려고 하였는데, 어쩌면 내장까지 따라 올라와 전갈이 죽을 수도 있다는 생각이 들었다.

갑자기 전갈이 너무 불쌍하였다. 다소 위험했으나 그대로 두기로 하였다. 전갈은 허기진 배를 채우려고 낚시 미끼로 두었던 지렁이를 통째로 늘름늘름 집어삼켰다. 하지만 사람을 해치지는 않을 듯했다. (2007. 10. 21. 주일)

957. 항아리

나지막한 뒷산 밭에서 일하고 내려오다가 보니 오솔길 가운데 큰 항아리가 있었다. 그 속을 들여다보니 밑바닥에 된장이 조금 남아있었다. 하지만 너무 오래되어 먹지는 못할 듯했다. 그래서 길옆 웅덩이에 쏟아 붓고 물로 깨끗이 씻어두었다.

그리고 집으로 돌아와 보니 몇몇 자매가 무로 반찬을 만들고 있었다. 무 반찬은 뭐니 뭐니 해도 생채가 가장 좋다고 일러주었다. (2007. 10. 21. 주일)

958. 쇳조각

차를 타고 어디를 가면서 보니, 좁은 농로에 날카로운 함석과 쇳조각이 어지럽게 널려 있었다. 다행히 여기저기 흩어져 있어 조심스럽게 요리조리 피해 나갔다.

그리고 조금 더 나아갔더니, 이번에는 돌멩이가 군데군데 쌓여있었다. 다시 얼마쯤 가자 더 이상 장애물이 나타나지 않았다. (2007. 10. 21. 주일)

959. 책값

친구가 서점에서 책을 한 보따리 사주면서 보라고 했다. 그래서 감사한 마음으로 책을 가지고 나오는데, 그가 책값을 제대로 지급하지 않으려고 잔꾀를 부리는 모습이 보였다. 적잖이 부담스러웠다.

본의 아니게 결국은 책 한 권을 주인 모르게 가지고 나온 셈이 되었다. 공교롭게도 그 책이 바로 성경이었다. 한 자루나 되는 많은 책 중에서 하필이면 성경이라 더욱 난감했다.

그때 나는 다른 책을 모두 돌려주는 한이 있어도 성경을 돌려주면 아무 소용이 없다는 생각이 들었다. 성경이 원문이요, 나머지는 주석이었기 때문이다.

그렇게 공짜로 가지고 나온 성경책 값이 3만 원이나 되었다. 하지만 나는 돈이 한 푼도 없었다. 어쩔 도리가 없었다. 성경 공부를 포기할 마음은 더욱 없었다.

그래서 주인의 눈치를 살피며 책 자루를 둘러매고 나오는데, 성경을 읽으려고 성경을 훔친 도둑놈의 심정이었다. 그렇게 서점을 빠져나온 나는 신작로를 걸으며 다짐했다.

"이 친구 모르게 나중에라도 반드시 책값을 갖다 주리라." (2007. 10. 23)

960. 아디아포라

그동안 내가 일한 계산서를 작성하여 올리는 과정에서, 우체국 직원이 임의로 35만 원을 추가하였던바, 주님의 성령이 내 마음을 불편하게 만드셨다.

하지만 나는 우유부단하게 미적거리고 있었다. 상당한 부담을 감수하며 나를 도와주려고 애쓴 그의 체면을 봐서, 단칼에 거절하기가 어려웠기 때문이다.

그리고 그리 많지 않은 금액, A4 2장이나 되는 계산서에 단 한 줄 올린 것, 대부분의 사람들이 알게 모르게 다 그렇게 하는 것을 고려하지 않을 수 없었다.

그때 대다수 공무원들이 관례적으로 그렇게 하여 시간 외 수당을 받고 있었으며, 감사 부서나 감독 기관도 그 사실을 알고 묵인하였으며, 그들도 그렇게 하여 수당을 받아가는 실정이었다.

그러나 그 사실을 드러내 놓고 말하지는 못했다. 다른 일반 기업체의 인건비를 안정시킬 목적도 있었고, 공무원만 봉급을 인상한다는 따가운 눈총을 피하기 위해서도, 은근슬쩍 그렇게 편법으로 운영할 필요가 있었기 때문이다.

더욱이 그렇게 받는 편법 수당을 별로 악하게 여기지 않았으며, 혹시 물의가 빚어지면 반납하면 된다는 의식도 팽배하였다.

그래서 주님의 성령이 내 마음을 불편하게 하셨으나, 나는 여전히 미적거리며 눈치만 살폈던 것이다. 사실 나는 이것도 아디아포라(Adiaphora,

성경에서 특별히 금하거나 명하지 않은 것)에 해당할 수 있다고 여겼다.

그때 내 주변에 수십 명의 사람들이 빙 둘러서서 나를 지켜보고 있었다. 무슨 일인가 싶어 그들의 면면을 살펴보니, 상당한 권세를 가진 상급 기관의 사람들이었다.

혹시 내가 부당 이득을 취할 경우, 손을 내밀어 뇌물을 요구할 것으로 보였다.

"이런! 35만 원을 챙기려다 350만 원도 더 뜯길 판이군!"

주님의 성령이 내 생각을 바꾸려고 보여주신 환상이 틀림없어 보였다. 그래서 나는 즉시 35만 원의 목록을 빼줄 것을 요구했다.

그래서 결국은 내 계산서를 다시 작성하여 올리게 되었다. 그러자 내 마음을 짓누르던 죄책감이 사라지고 참 자유와 평화가 찾아왔다. 하지만 그때의 부질없는 욕심으로 인해 내 마음의 상처는 쉽게 치유되지 않았다.

어떤 사람이 내 머리를 깎아준다고 하여 그동안 흐트러진 마음을 추스르며 이발을 하게 되었다. 그때 이발사가 말하기를, 내 머리털 속에 쇳조각이 많이 들어있어 머리를 상하게 하므로 아예 빡빡 깎자고 하였다.

그리고 다짜고짜 정수리 부분을 동그랗게 깎기 시작했다. 그러다가 아무래도 그 모습이 이상한 듯 아에 배코를 치자고 하였다. 나도 그것이 오히려 낫다고 여겼다. 그래서 완전히 삭발하게 되었다.

그때 비로소 내 머리를 상하게 하던 쇠붙이가 모두 떨어져 나간 듯 기분이 상쾌했다. 하지만 어딘가 모르게 허전하고 아쉬운 마음이 들었다.

(2007. 10. 29)

961. 양주

언제 어디서 왔는지 아무도 모르게 원수가 우리 식탁에 앉아 있다가 말했다.

"그 술 내게 주려고 그러나?"

잔에 양주를 따르다가 화들짝 놀랐다. 그 얼굴만 봐도 소름이 확 끼치는 자였기 때문이다.

"무슨 개 풀 뜯어먹는 소리를! 내 건강을 위해 나만 조금씩 마시려고 하는데."

그리고 잔과 양주병을 책상 서랍 속으로 집어 넣어버렸다. 그러자 그는 겸연쩍게 한마디 하고 어디론가 사라져 버렸다.

"그러면 할 수 없지 뭐." (2007. 10. 30)

962. 채소밭

잘 다듬어진 동그란 채소밭이 내 눈앞에 거울처럼 나타났다. 거기서 자라는 채소를 보니 골고루 다양하게 있었다. 안정감도 있고, 질서도 정연하고, 평화도 깃들고, 자유도 있었다.

그 밭의 이름은 '선으로 가꾸어진 밭'이었다. 주님의 성령이 가꾼 것이 분명하였다.

그런데 그와 같은 다른 밭에는, 거름을 많이 준 듯 웃자란 것도 있고, 양분이 부족해 덜 자란 것도 있고, 어딘가 모르게 불안하고, 질서도 없고, 평화도 없고, 자유도 없었다.

그 밭의 이름은 '악으로 가꾸어진 밭'이었다. 원수가 그렇게 만든 것이 틀림없었다. (2007. 10. 30)

963. 전략가

눈을 떠보니 새벽예배를 드릴 시간이 멀었다. 그런데 정신이 초롱초롱하고 눈이 말똥말똥하여 샛문을 통해 사랑방 기도실로 기어 들어갔다.

그러니까 수년 전, 여관 옥탑방에서 지낼 때였다. 부모님이 쓰던 전기장판을 가져와 사용하였다. 그걸 깔고 이불을 하나 펴놓은 사랑방 기도실이 처음에는 썰렁했으나 차츰 따뜻해지기 시작했다.

얼마의 시간이 지나자 머릿속에서 영화 같은 장면이 보이기 시작했다. 어느 전쟁터에서 군인들이 항오를 지어 이동하고 있었다.

그들 중에 유독 키가 작은 병사가 있었는데, 어쩌다 왕 앞에서 엎어지고 말았다. 그가 황급히 일어나 다시 제 위치로 돌아가려고 했다.

그때 왕이 그를 불러 세웠다. 왕은 그런 평범한 일에도 뭣인가 하나님의 뜻이 있을지도 모른다고 생각했다. 아니나 다를까 역시 그 병사는 예사 사람이 아니었다.

비록 체구는 왜소하여 어린아이처럼 보였지만, 흰 수염을 가지런히 기르고 있었으며, 지성과 영성을 겸비한 전술가였다.

그 후 그는 왕의 인정을 받아 최고의 전략가가 되었으며, 자신의 은사를 최대한 발휘하여 국가에 충성하였다. 그의 이름은 '언제나 밝고 환한 모습'이었다. (2007. 11. 2)

964. 한판 전쟁

어느 밭에 들어갔더니 침엽수에 둘러싸여 주변이 어두침침하였다. 나무에 걸린 거미줄을 걷어내면서 앞으로 나아갔다. 그 속에 더러운 귀신이 숨어있는 듯했다. 정신을 바싹 차리고 한판 전쟁을 치르려고 하였다.

그리고 계곡을 따라 내려갔더니, 큰 뱀 한 마리가 돌아다니고 있었다. 다시 한 번 마음을 가다듬었다. 어떻게 하든지 그 뱀을 죽여야 내가 산다는 생각이 들었다.

그때 너럭바위를 지나던 뱀의 머리에 집채만 한 바위가 떨어졌다. 뱀의 주둥이가 박살 나 위턱과 아래턱이 너덜거렸다. 하지만 뱀은 완전히 죽지 않았다.

아예 완전히 죽이라고 소리쳤더니, 나와 함께 있던 자매가 돌멩이를 들어 던졌다. 이번에는 뱀의 등뼈가 부러져 몸이 뭉개졌다. 그래도 뱀은 완전히 죽지 않고 물가로 슬금슬금 기어 내려가 바위 사이에 엎드려 있었다.

나는 너럭바위에 서서 그 모습을 쭉 지켜보다가, 아예 뱀의 대가리를 작살 내고 싶어 바위를 집어 던졌다. 하지만 조금 못 미쳐 뱀의 코앞에 떨어졌다.

그러자 뱀은 그 바위만큼 뒤로 물러나 다시 엎드려 있었다. 그래서 또 다른 바위를 들고 던졌더니, 이번에도 뱀의 코앞에 떨어지고 말았다. 바로 전에 뱀의 머리가 있던 그 자리였다. 뱀은 다시 그만큼 물러나 넙죽이 엎드렸다.

그렇게 서너 차례에 걸쳐 바위를 계속 던졌으나 바로 전에 대가리가 있던 그 자리에 떨어지곤 하였다. 마치 뱀이 내가 던지는 바위보다 한 템포씩 빨리 물러나는 듯했다. 나는 그만큼 늦게 바위를 던지는 꼴이 되었다.

결국은 거의 죽은 것이나 다름없는 뱀의 주검을 내 눈으로 확인할 수 없었다. 그래서 다시 한 번 마음을 가다듬고 기도하기 시작했다.

"오, 아버지 하나님이시여! 주님의 반석으로 대가리가 두 쪽 나고, 자매의 돌에 의해 등줄기가 부러진 뱀을 제 손으로 완전히 죽이지를 못했습니다. 세상이 끝날 때까지 영원히 살아나지 못하도록 완전히 죽여주십시오.

그 뱀이 살아있는 한 제 얼굴의 수심은 떠날 줄 모를 것입니다. 제게 사탄을 궤멸시킬 권세와 능력을 부어주십시오. 더욱 강하고 담대한 믿음을 주십시오. 영적 파워와 카리스마를 허락하여 주십시오. 예수님의 이름으로 기도합니다. 아멘." (2007. 11. 2)

965. 약국

어느 작은 밭에서 열심히 일하고 있었다. 나도 모르게 조그만 집이 한 채 지어져 있었다. 얼마 후 아래쪽으로 내려가 보니, 지붕 위에 '복지약 국'이라는 간판이 걸려 있었다.

그 앞에도 작은 집이 한 채 있었다. 거기는 '부흥약국'이라는 간판이 달려 있었다. 또 작은 길을 사이에 두고 건넛집에는 '생활약국'이라는 간판도 보였다. (2007. 11. 4. 주일)

966. 좋은 동행자

이젠 정말 예수나라의 복음과 교리, 교훈 등을 쓰면서 없는 듯 조용히 살았으면 좋겠다는 생각이 간절하였다. 그때 마무리하고 정리해야 할 과제들이 주마등처럼 뇌리를 스치며 나를 짓눌렀다.

"오, 주여! 제 말을 듣고 제가 투자한 땅에 또 투자한 사람들이 손해를 보면 어떻게 하나요?"

"그런 일을 지레짐작하여 미리 염려할 필요가 있느냐? 설사 그들이 피해를 본다고 한들 이제 와서 어떻게 하겠으며, 네가 100% 책임을 진다고 한들 그게 무슨 대수이겠느냐? 네가 양심의 가책을 느낀다면 갚으면 되지 않느냐? 사실 너는 얼마 전까지 3억 원의 빚을 지고 있었으나 모두 갚았다."

"그러시면, 투자자의 돈을 자기 주머니의 돈처럼 써버린 자들을 어떻게 하면 좋을까요?"

"그들을 판단하지 말고 너는 네 일만 하면 된다."

"그렇지만, 돈을 빌려 쓰고 갚지 않는 자는 아무리 생각해도 용서가 안 됩니다. 벌써 10번도 넘게 약속을 어겼습니다. 당장이라도 강제 집행을 하고 싶지만, 그것도 여의치 않습니다. 저는 그런 자를 정말 증오합니다."

"그도 그러고 싶어서 그러겠느냐? 네가 판단할 일이 아니다."

"그러시면, 잔금도 주지 않고 제 땅을 팔아먹은 목회자의 아들은 어떻게 보시는지요?"

"그 사람보다 네 책임이 더 크다. 하지만 그것도 내가 갚아주겠다."

"주여, 용서하시고 한 번만 더 들어주소서. 우리가 수해를 당해 어려움을 겪을 때, 우리 집 전세금을 떼먹고 달아난 자는 어떻게 해야 하나요?"

"그건 이미 흘러간 물이다. 흘러간 물은 물레방아를 돌릴 수 없다. 과거에 집착하는 사람은 어리석을 뿐이다."

"그러시면, 딱 한 번만 더 여쭤보겠습니다. 교회 명의로 부과된 취득세와 등록세는 어떻게 하면 좋을까요? 이는 정말 억울합니다. 저는 하나님의 의로우심을 믿습니다. 하지만 경기도에 제출한 이의신청도, 행정자치부에 제출한 심사청구도 모두 기각되었습니다. 국민고충처리위원회에 구조도 요청했으나 대법원의 판례가 확고하여 도와줄 수 없다고 하였습니다. 마지막으로 교회전문 세무사에게 물어봤으나 그 또한 어쩔 수 없으니 그대로 세금을 내는 게 좋다고 하였습니다. 부동산실명제에 위반되어 오히려 더 큰 손해를 볼 수도 있다고 충고했습니다. 여기에 대한 주님의 뜻은 어떠신지요? 행정소송을 해야 할까요? 헌법소원을 내야 할까요? 날이면 날마다 애간장만 태우고 있습니다. 이를 주님은 어떻게 보시는지요?"

"네가 옳다. 나도 네 생각과 같다. 하지만 세상이 다 그렇지 않느냐? 내가 십자가를 지고 못 박힌 것이 무슨 죄 때문이냐? 그들의 주장대로 내가 신성을 모독했느냐, 악행을 저질렀느냐? 그렇다고 반란을 꾀했느냐? 나를 따르는 사람은 누구나 자기 십자가를 지고 따라야 한다. 나를 위해 내 십자가를 대신 지고 간 구레네 시몬을 생각해 보아라. 모든 것이 때가 되면 다 이루어질 것이다."

"정말 마지막으로 딱 한 가지만 더 여쭤보겠습니다. 신용회복지원을 받고 있는 제 채무는 어떻게 될까요?"

"내 은혜가 네게 족하다. 내 능력은 약한 데서 완전하게 된다." (2007. 11. 9)

967. 까치집

까치 3마리가 메마른 나뭇가지 위에서 맴돌고 있었다. 무슨 일인가 싶어 자세히 보니, 작은 집 하나를 들고 이리저리 돌아다니며 여기저기 놓아보고 있었다. 하지만 여의치 않은 듯했다.

그러다가 약간 아래쪽에 있는 3갈래로 갈라진 큰 나뭇가지에 얹었다. 그리고 3마리가 합심하여 집을 늘려 짓기 시작했다. 서로 협력하는 모습이 정말 아름다웠다. 빠른 속도로 지어지는 까치집을 보니, 보다 크고, 넓고, 높고 안정감이 있었다. (2007. 11. 10)

제30편

비움의
영성

968. 영감의 원천

　나름대로 열심히 산다고 하였지만, 무엇인가 여전히 부족함을 느꼈다. 그때 '모든 것을 지키는 일'이라는 사람이 내 옆에서 나를 돕고 있었다.

　그러나 기다릴 만큼 기다려 보았지만 더 이상 진척이 없었다. 그야말로 최선을 다해 보았지만 더 이상 성과가 없었다. 그래서 아예 일을 끝내려고 하였다.

　"그래, 이제 나로서는 어쩔 수 없구나."

하고 아쉬움을 토로하며 그동안 하던 일을 마무리하려고 했다. 그때 큰 그릇 같기도 하고, 지붕 없는 방 같기도 한 네모반듯한 공간에, 손이 닿지 않아 따지 못한 과일들이 가지째 떨어져 쌓이는 모습이 보였다.

　그리고 순간적으로 과일들이 분리되어 한쪽에 채워지고, 가지는 온데간데없이 사라져 보이지 않았다. 그러고 보니 그동안 미처 하지 못해 아쉬워하던 일들이 일시에 마무리된 듯했고, 마음속으로 시원함을 느꼈다.

　어제 국민고충처리위원회로부터 문자 메시지가 들어와 인터넷을 열어보니, 아니나 다를까 취득세 등의 추징은 합법적 처분인 만큼 납부해야 한다는 것이었다.

　나는 이미 동두천시의 유권 해석과 경기도의 이의신청 결정문, 행정자치부의 심사청구 결정문을 받아 읽어보았고, 교회전문 세무사의 조언을 듣고 그 내용을 익히 알고 있었다. 그래서 포기할까 어쩔까 망설이던 참이었다.

그러나 혹시나 하고 질의했다가 매번 똑같은 답변만 반복해서 듣기를 5번째였다. 무슨 다른 방법이 없는가 하고 도움을 청하곤 하였는데, 그저 천편일률적으로 법률 규정을 해석하듯 성의라고는 털끝만큼도 보이지 않았다. 정말 식상했다.

그래서 마지막으로, 어느 누구의 도움을 받을 게 아니라, 내가 직접 그 법조문을 무효화시키기 위해 나서야겠다는 생각이 들었다.

헌법소원과 위헌법률제청 등의 고차원적 방법을 검토했으나 내가 할 만한 일이 아니었다. 실낱같은 희망일지 모르지만, 주님이 함께하시면 행정소송으로 승소할 가능성이 있다는 자신감이 우러나왔다.

사실 세상의 법은 사람들이 그때그때 편의에 따라 만든 것이 아닌가? 언제든지 바뀔 수 있고 사문화될 수도 있다. 그러므로 법보다는 상식이, 상식보다는 원칙이, 원칙보다는 하나님의 공의가 우선할 수밖에 없다는 믿음이 솟구쳤다.

절차상 우선 행정소송으로 지방세부과처분취소를 청구하기로 하고 기도하며 소장을 작성하였다. 그때 주님의 성령이 내 마음속에서 자신감을 부어주었는바, 소장이 일사천리로 완성되었다.

그동안 너무 많은 갈등을 겪으며 고심에 고심을 거듭한 일이었지만, 내 마음 깊음 속에서 주님의 음성이 들린 후에는 모든 일이 일사천리로 진행되었다. 그때 다시 한 번 주님의 성령이 감동하셨다.

"공의는 세우되 사랑을 잊어서는 안 된다!"

그래서 결국은 행정소송을 제기하게 되었으며, 소장의 청구원인을 이렇게 썼다.

"원고는 2007년 1월 30일, 동두천시 광암동 198-10의 대지 267㎡, 건물 825.94㎡를 매수하는 과정에서, 계약 당시 신용불량자만 아니면 누구나 대출승계가 가능하다는 은행 직원의 말을 믿고 소유권이전등기까지 하였으나, 저당권 승계과정에서 매수인이 종교단체로 대출금 승계가 불가하다고 하여, 수협과 신협, 새마을금고, 신한은행 등 교회 대출을 취급한다는 금융기관을 백방으로 찾아다니며 대환대출을 알아보았으나, 근래 종교단체에 대한 금융사고 빈발로 인해 대출심사가 강화되어, 사실상 대환대출이 불가하다는 사실을 확인하고, 저당권 승계가 가능한 법인 대표자의 가족 명의로 소유권이전등기를 다시 하여 저당권 승계를 받기로 제직회 등을 거쳐 결의하고, 법무사에 그 모든 절차를 위임하였던 바, 법무사가 공증 등의 절차를 밟아 당초의 계약을 해제한 후, 교회명의 등기를 말소하고 개인명의 등기로 다시 이전하여 저당권 승계까지 마치게 되었습니다.

이처럼 종교단체 등기를 말소하고 대표자 가족명의로 다시 이전하는 과정에서, 지방세법시행령 제73조 1항 2호 단서조항에서 정한 30일간의 기한, 즉 2007년 3월 2일을 6일 초과하여 2007년 3월 8일에 그 절차를 모두 마치게 되었는데, 당시 그런 규정이 있다는 사실을 사전에 인지하지 못한 원고의 불찰도 없잖아 있지만, 그에 대한 구제의 요건이라고 볼 수 있는 지방세법 제127조의 정당한 사유에 해당된다고 사료됩니다.

이는 법인이 마음대로 할 수 없는 외부적 사유는 물론이고, 법인이 고유 업무에 사용하기 위한 정상적 노력을 하였음에도 불구하고, 부득이 그 기간을 넘긴 내부적 사유에 포함되며, 나아가 정당한 사유의 유무를 판단함에 있어 세금 중과의 입법 취지를 충분히 고려하면서, 그로 인해 현실적으로 수익이 있는지의 유무와, 영리법인인지 비영리법인지의 여부, 취득의 목적과 경위, 당해 법인이 고유목적에 사용하기 위한 진지한 노력을 하였는지 여부 등을 참작하여, 구체적 사안에 따라 개별적으로 판단해야 한다는, 지극히 원칙적이고 합리적인 대법원의 판례(대법원 1994. 11. 18. 선고 93누 2957)에 해당된다고 봅니다.

따라서 이 사건은, 대법원 판례가 인정하는 정당한 사유에 해당할 뿐만 아니라, 기간 중 종교적 고유 목적에 사용하기 위해 가능한 최선을 다해 대환대출 등의 노력을 하였으나 더 이상 다른 방법이 없었으며, 지방세 중과의 입법 취지에 따른 투기수익이나 탈세 행위 등이 전혀 없었으며, 오히려 어쩔 수 없는 사정에 의해 2번에 걸친 소유권이전등기로 인해 이미 상당한 부담을 감수하였으며, 그로 인해 단돈 1원의 수익도 기대할 수 없는 상황이었음은 누구나 알 수 있는 일이며, 부동산 취득이 애당초 정신문화의 창달이라는 종교 목적으로 취득했다는 사실도 이를 변증한다 할 것입니다.

또한, 당초 등기를 그대로 존속하지 못할 부득이한 사유가 예기치 못한 상태에서 드러났다는 사실과, 그 어떤 대안도 강구할 수 없는 한계 상황에 이르렀다는 점을 감안할 때, 원고는 신이 아니라 사람으로서 최선의 노력을 다했다고 생각합니다.

그러므로 선의의 피해를 방지하기 위한 요건으로 정당한 사유를 인정하는 예외규정을 두어 법률로 구제의 문을 열어놓았음에도 불구하고, 시행령의 문자적 적용에 얽매여 천편일률적으로 세금을 추징하는 동두천시의 처분은, 지방세 중과의 입법 취지로 보나, 수익이 있는 곳에 세금이 있다는 과세정신으로 보나, 어느 모로 봐도 부당한 결정이라 아니할 수 없습니다.

더욱이 단 한 푼의 수익도 기대할 수 없는 한계 상황에서, 원인 행위가 원천무효로 소멸한 흔적에 대해 세금을 부과한다는 것은, 마치 어떤 사람이 아들을 낳아 출생신고를 했다가, 부득이한 사정에 의해 아들의 이름을 바꾸었더니, 이를 지켜본 세리가 하나가 아니라 둘이라고 우기면서, 두 사람의 주민세를 부과한 억지 논리나 다를 바 없다 할 것입니다.

또한, 자유로운 계약과 해제의 원칙을 보장하고 있는 민법의 정신에도 어긋난다고 볼 수 있으며, 나아가 헌법 제37조에서 정하고 있는 국민의 기본권마저 침해할 수 있는 위헌적 처분이라 아니할 수 없습니다.

이에 원고는 본 소를 제기하게 되었습니다." (2007. 11. 14)

969. 행운의 여인

점심시간이 되어 구내식당으로 내려갔다. 많은 사람이 줄지어 기다리고 있었다. 내 옆에는 '기쁨의 계절'이, 뒤에는 '멀리 떨어진 의식'이 서 있었다.

식당 문턱에 들어서 보니 무엇인가 어색한 느낌이 들었다. 두 줄로 들어간 사람들이 한 줄로 뒤엉켜 너저분한 주방 집기 사이를 비집고 들어가 배식을 받고 있었다.

"이런, 제기랄!"

그 모습을 보는 순간 나도 모르게 불평이 터져 나왔다. 게다가 주방 옆으로 지나가는 좁은 통로에 가스통까지 놓여있어 사람들이 어렵게 건너가는 모습이 보였다. 그걸 보는 순간 또 불만이 터져 나왔다.

"아유, 세상에!"

그리고 그곳을 어렵사리 지나가게 되었는데, 그 가스통 호스에 내 발이 걸리고 말았다. 번정다리는 감각이 없고 구부리기도 어려워 누군가의 도움이 필요했다.

"에이, 이건 또 뭐야!"

하고 또 짜증을 내면서 다른 사람을 원망했다. 그때 내 뒤를 따라오던 '멀리 떨어진 의식'이, 내 발에 걸린 호스를 풀려고 애써다가 너무 탱탱 감겨 어렵다고 투덜거렸다.

사실인바 이게 어찌 된 영문인지, 그 호스가 내 발을 한 바퀴 휘감고 다시 가스통에 끼어있었다. 거의 보이지 않을 정도의 가스통 손잡이 틈새로 손가락만 한 호스가 어떻게 끼었는지 정말 이해되지 않았다. 더욱 이 손잡이 틈새에 팔목만 한 쇠파이프까지 꾹 박혀있어 너무 난감했다.

그러자 옆에 있던 '기쁨의 계절'이 달려들어 3명이 함께 가까스로 파이프를 뽑아냈다. 그리고 가스통을 보니, 호스뿐만 아니라 전기 코드까지 함께 칭칭 감겨 그야말로 엎친 데 덮친 격이었다.

그 좁은 틈바구니 사이로 어떻게 전기선과 가스 호스가 동시에 들어가 내 발을 옭아매었는지, 파이프는 어디서 나서 처박혔는지 정말 이상한 일이었다.

그때 '기쁨의 계절'이 어떻게 그 좁은 틈에서 호스와 배선을 뽑아 분리하였는지, 아무튼, 나는 그의 도움으로 올가미에서 벗어나 배식 장소로 가게 되었다.

그 일이 있은 후, 비록 그 모습은 보이지 않았지만, 어떤 분이 와서 내게 일러주었다.

"불평과 불만, 원망과 시기, 질투와 미움 등은 하나님의 은총을 거부하고 성령님의 역사를 훼방하는 사탄의 농락이야. 늘 하나님께 감사하고 순종하는 사람이 되어라!"

그러면서 한마디 덧붙였다.

"이에 대해 완벽하게 설교하는 증인이 있으니, 그를 통해 배워라. 하지만 그도 '행운의 여인'에 대해서는 참지 못하니 그것도 조심하라."

그리고 가다가 뒤돌아보며 다시 말했다.

"사실은 이 말을 전한 나도 그를 판단하고 있는지 모른다." (2007. 11. 19)

970. 고독한 시간

어느 잔칫집에 참석했다가 돌아갈 시간이 되었다. 혹시 아는 사람이 있는가 싶어 두리번거리다가 마지막으로 나오는 할머니 두 분을 보았다. 그중에 한 분은 '유교를 연구하는 학자'라는 이름을 가진 할머니로 나와 친분이 있었다.

그때 나는 습관적으로 무엇인가 하나님께서 선히 여기시는 일이 있을까 싶어 기다렸다. 아니나 다를까 할머니들이 집까지 태워다 달라고 했다.

역시 '하나님의 뜻이 계셨구나!' 하고 기꺼이 승낙한 후 내가 앞장서 걸어갔다. 그런데 무슨 일이 있는지 할머니들이 선뜻 따라나서지 않고 뒤에서 미적거렸다. 삼거리에 있는 너럭바위에 앉아 할머니들이 오기를 기다렸다.

얼마 후 '유교를 연구하는 학자' 할머니가 무엇인가 빠뜨린 것을 챙겨 돌아왔다. 그리고 다른 할머니들을 보지 못 했느냐고 도리어 내게 물었다.

여기 앉아 쭉 기다렸으나 오시지 않았다고 했더니, 그럴 리가 없다고 하면서 왼쪽 내리막길로 쏜살같이 내려갔다. 나도 그 할머니를 따라 내려갔다.

그때부터 나는 하반신을 못 쓰는 앉은뱅이가 되어 두 팔을 다리 삼아 기어가게 되었다. 건너편 언덕 위를 보니 화물차에 사람들이 옹기종기 타고 있었다. 나와 함께 가기로 했던 할머니들도 어렵게나마 그 차에 올라탄 듯했다.

그러고 보니 이제 나만 홀로 남았다. 나만 타면 차가 떠날 참이었다. 그 차를 타고 얼마쯤 아래로 내려가면 내 차를 세워둔 주차장이 나왔다.

그런데 다리가 아닌 팔로 내리막길을 내려가다가 다시 산등성이를 오르려니 보통 일이 아니었다. 이미 다른 사람들은 모두 차를 타고 앉아 나만 바라보고 있었다. 그 모습을 보니 가뜩이나 소심한 내가 더욱 조급하였다.

그때 몇 사람이 길 가운데 빙 둘러앉아 한가롭게 담소하는 모습이 보였다. 급한 나머지 그들을 비집고 지나가며 양해를 구했다.

그렇게 서둘러 산으로 올라갔다. 그런데 이번에는 웬 원두막이 길을 가로막고 있었다. 그 차를 불과 10m쯤 앞둔 곳에서 또 하나의 장애물이 생겼던 것이다.

하지만 원두막을 넘지 않고 지나갈 길은 보이지 않았다. 혹시 있더라도 불편한 내 몸이 날아가지 않는 한 그럴만한 시간이 없었다. 그냥 원두막을 기어오르기 시작했다.

원두막에 가로질린 강다리 나무를 잡아당겨 보았다. 그런데 바닥에 깔아놓은 마루의 절반이 번쩍 들려 넘어질 듯했다. 그래서 왼쪽에 있는 마루를 당겼다. 그러자 왼쪽 마루의 절반이 들려 올라왔다. 더 이상 위로 올라갈 방법이 없었다.

그때 나는 내 팔이 유일한 이동 수단이었다. 팔을 옮기지 못해 꼼짝달싹할 수 없었다. 손에 잡히는 것이 튼튼하게 힘을 받쳐줘야 앞으로 당기면서 몸을 옮길 수 있었다.

그런데 원두막이 가벼워 어쩔 수가 없었다. 그대로 가만히 있을 수밖에 없었다. 손에 잡히는 것은 다 끌어 당겨보았으나 내 몸보다 무거운 것은 하나도 없었다. 그래서 바로 코앞에서 차만 멀뚱멀뚱 바라보았다.

그러자 기다리던 차가 더 이상 안 되겠다고 판단한 듯, 반대편 계곡으로 슬금슬금 내려가기 시작했다. 그때 전혀 예상치 못한 일이 일어났다.

내가 잡고 있는 원두막이 통째로 솟구쳐 이때껏 차가 섰던 바로 그 자리에 옮겨졌다. 게다가 그동안 앉은뱅이로 있던 내가 똑바로 일어나 걸을 수 있었다.

그때 나를 두고 떠난 차가 기우뚱하더니, 왼쪽 언덕 아래로 굴러떨어져 콧방아를 찧는 모습이 보였다. 이어서 '콰' 하는 폭발음과 함께 차가 하늘을 향해 벌렁 자빠지며 아래쪽 도랑에 푹석 주저앉았다.

그리고 차가 반쪽으로 쭉 갈라지며 가운데가 푹석 내려앉았다. 모르긴 하여도 차에 탔던 사람들이 거의 다 죽은 듯했다. 나는 전쟁터를 방불케 하는 그 상황을 바라보며 아래로 내려갔다.

그 차가 폭발할 때 충격으로 주차장에 세워둔 내 차까지 거꾸로 뒤집혀 있었다. 이 엄청난 참사를 보고 하나님의 심판을 다시금 생각하게 되었다. 그때 내 마음속에서 나도 이해하기 힘든 카타르시스(catharsis, 마음의 정화)가 일어남을 느꼈다. (2007. 11. 22)

971. 신천옹

새벽예배를 드리고 두툼한 솜바지와 조끼, 털모자까지 쓰고 밖으로 나간다. 텃밭에 심어놓은 보리, 유채, 양파, 당근, 상추 등이 얼지 않았는지 살펴보고, 닭 모이 주고, 자동차가 세워진 신작로에 내려가 간단한 운동을 한다.

요즘은 허리가 안 좋아 손등을 옆구리에 대고 허리 돌리는 운동을 많이 한다. 그리고 부엌으로 들어가 세수하고, 저녁예배나 다음 날 새벽예배를 위한 말씀을 보고 아침을 먹는다.

오늘도 여느 때와 마찬가지로 밖으로 나가보니 새벽 기운이 차가웠다. 평소 보이지 않던 붉은 흙이 바닥에 있어 잠시 생각에 잠겼다. 신작로 양편에 사람의 발걸음에 맞춰 뿌려져 있었다.

내가 어릴 때의 일이다. 음력으로 정월 대보름이 되면 마을 사람들은 으레 당수나무에 모여 고사를 지냈다. 그때 아이들은 밤이 맞도록 기다리다가, 새벽녘에 당수나무로 달려가 제단에 놓인 떡을 훔쳐 먹었다.

하지만 나는 담력이 부족하여 당수나무에 직접 가지는 못하고 아이들이 훔쳐온 떡만 얻어먹었다. 그 당시에도 마을 사람들이 붉은 흙을 길가에 뿌려 놓곤 하였다. 어렴풋한 기억으로는 귀신이 제사 장소를 쉽게 찾아오도록 미리 발자국을 만들어준다고 했다.

그런데 이 동네는, 정월 대보름이 아닌 시월 보름에 제사를 지냈다. 마을 입구에 있는 큰 느티나무가 당수나무인데, 거기서 마을 사람들이 시월 보름날 0시에 모여 새벽닭이 울 때까지 제사를 지냈다.

그리고 날이 밝으면 마을회관에 모여 제사 음식을 나눠 먹으며 한 해 동안 마을 살림을 결산하는 총회를 열었다. 제사에 들어간 비용도 그때 집집마다 분담시켰다.

마을에 솥단지를 걸고 사는 사람은 누구나 돌아가며 제주를 맡았으며, 제사를 지낼 남자가 없는 집이나, 부득이한 사정으로 제사를 주관하지 못할 경우에는 사람을 사서 대신 제사를 지내야 했다.

따라서 매년 3가정의 남자 3명이 제주가 되어, 3일 동안 외부와의 접촉을 끊고 마을을 위해 기도하다가, 자정이 되기 전에 냇가에서 목욕 재개하고, 0시에 시작하여 새벽닭이 울 때까지 제사를 지냈다.

이날은 개가 짖어도 안 되고, 여자들이 설거지하는 소리를 내서도 안 되며, 여자들은 당수나무 근처에 얼씬도 못 했다. 집안에서 여자의 목소리는 아예 들리지 않아야 했다.

그러고 보니 이스라엘 백성이 이집트를 탈출하기 전날 밤, 유월절을 지키는 것 같다는 생각이 들었다. 하지만 우리는 개의치 않고 저녁예배를 드렸다. 동네 아낙네들의 입소문을 의식하여 평소와 달리 조용히 찬송을 불렀다.

나는 마을 전통에 거슬리지 않도록 신경을 썼다. 대대로 이어지는 문화 행사라는 측면에서 본다면, 주민으로서 당연히 함께해야 마땅하나, 그것이 미신적 종교 행위로서 제사에 동참하거나 동조할 수는 없었다.

그렇다고 해서 마을 사람들의 오랜 관행을 완전히 무시하기도 어려운 처지여서 성령님의 도움을 구했다. 사실 그들의 입장에서 보면, 조상들이 해마다 지켜온 행사를 갑자기 바꾸기가 쉽지 않았다. 어느 누군들 총대를 메기가 어려웠다.

더욱이 마을에 꼬부랑 할머니 한 분 외에 그리스도인이 없었을 뿐만 아니라, 대부분이 70대와 80대, 그리고 90대 노인들이라 더욱 그랬다. 그래서 제사에는 참석할 수 없었지만, 경비까지 외면하기는 어려울 것으로 보였다.

그것을 모른 척하고 터부시할 경우, 마을 사람들과 마찰이 일어날지 모른다는 생각이 들었다. 신앙적으로 상당히 껄끄러운 일이라 다시 기도할 수밖에 없었다.

그동안 우리가 아무리 마을 사람들에게 선의를 베풀었어도, 최소한 몇 사람은 우리를 핍박할 것이 뻔했다. 그래서 제사에 따른 비용 부담은 성령님의 인도하심에 맡기기로 하였다.

"오, 아버지 하나님이시여, 성령님의 지혜를 허락하여 주십시오. 이 마을 사람들을 이해시켜 주십시오. 믿음의 지조를 지키도록 저를 도와주십시오. 신천옹(信天翁), 즉 앨버트로스(albatross, 정신적 부담)의 큰 날개를 피할 수 있도록 살펴주십시오.

미신적 제사에 참석하지 못함은 당연하지만, 그 비용도 분담하지 않도록

도와주십시오. 제사 비용 대신에 다른 명목으로 기부를 하거나 후원하도
록 이끌어주십시오. 저들도 우리가 전도해야 할 대상입니다." (2007. 11. 23)

972. 고사

이윽고 시월 보름날 아침이 되었다. 오늘도 새벽기도를 마치고 밖으로
나갔다. 고사(告祀)를 지낸 사람들이 마을회관으로 속속 몰려가고 있었
다. 아니나 다를까 9시경에 한 사람이 찾아와 회관으로 오라고 했다.

"오, 주 예수여, 종의 입술을 지켜주십시오. 이 마을 사람들을 전도하
도록 도와주십시오."

두근거리는 마음으로 회관에 들어가 보니, 지난 1년 동안의 마을 살림
을 결산하는 중이었다. 방바닥에 100만 원짜리 다발이 몇 개 보였으며,
그 위에 만 원짜리와 천 원짜리 그리고 동전까지 가지런히 놓여있었다.

그때 이장이 상에서 결산서를 작성하고 있었다. 옛날 방식 그대로 두
루마리 창호지에 붓글씨로 써내려갔다. 그리고 한번 쭉 읽은 뒤 의견을
듣고 마무리하였다.

나는 출입문 옆에 빈자리가 있어 거기 앉았다. 한 사람이 왜 이제 오
느냐고 핀잔을 주었다. 우선 옆방에 가서 음복부터 하라고 했다. 금방
밥을 먹어 생각이 없다고 했더니, 관례이니 얼른 건너가 음복을 하라고
다그쳤다.

그래서 옆방으로 갔다. 할머니 5명이 앉아 음식을 나눠 먹고 있었다.

금방 보아도 고사 음식임을 알 수 있었다. 음식에 고춧가루가 없었기 때문이다.

나는 그 음식에 전혀 관심이 없었다. 하지만 꼬부랑 할머니가 차려주는 정성을 봐서 떡과 문어, 콩나물국 등을 조금 먹었다.

"하나님 아버지, 이들이 유일하신 참 하나님을 몰라서 이렇게 하고 있습니다. 이들을 불쌍히 여겨주십시오. 그리고 저를 용서하여 주십시오. 이 음식도 주님이 주신 것인바, 감사함으로 먹겠습니다."

그때 다시 옆방으로 오라고 하여 갔더니 이장이 말했다.

"오늘부터 이 동네 주민으로 정식 가입되었으니, 입회비 3만 원과 제사비용 2만 원을 합쳐 5만 원을 내시오."

"아, 그래요?"

하면서 미리 준비한 만 원짜리 5장을 선뜻 건네주었다. 회관에 들어갈 때는 제의에 참석할 수 없을 뿐만 아니라, 고사 비용도 부담할 수 없으며, 대신 마을 후원금 조로 얼마를 내겠다고 다짐하였으나, 결과는 무위로 돌아가고 말았다.

이장을 포함하여 몇 사람이 내가 그렇게 말할 것을 대비하고 있는 듯했기 때문이다. 그래서 그들과 마찰을 피하기 위해 무조건 그들의 요구에 따랐던 것이다.

그때 성령님이 마을 사람들의 뜻을 따르라는 분위기를 조성하신 것으로 보였다. 하지만 나는 고사 비용을 분담한 것이 고사에 간접적으로 동참한 것으로 여겨져 적잖이 부담을 느꼈다.

이장의 뜻에 따라 고사 비용까지 내고 왔다는 말을 들은 여종은 이 동네에 살기 싫다고 하면서 연신 불만을 터뜨렸다. 하지만 사람들이 우선이지 고사가 무슨 의미가 있겠는가? 하나님을 모르는 사람들이 해마다 해오는 전례인 것을!

사실 마을 행사의 비용은 공동 경비로서 마을 세금으로 충당해야 하지 않는가? 주민의 일원으로서 내는 것이 당연하다는 감동을 성령님이 주셨다.

국가에 국세를 내고 자치 단체에 지방세를 내듯이, 마을에도 마을 세금을 내는 것이 당연하며, 그 세금이 우리의 입맛대로 사용된다는 보장이 없듯이, 마을 분담금도 마을의 사정과 형편에 따라 허튼 곳에 쓰일 수도 있다고 본다.

하지만 그럴수록 신앙의 지조는 굳게 지켜야 하며, 미신적 제사 의식은 단호히 배격해야 할 것이다. 그럼에도 마을에서 억지로 제사를 주관하라고 한다면, 사탄의 방해로 간주하여 하나님께 드리는 예배로 승화시켜야 한다.

그러자 다소 마음이 편해지기 시작했다. 마을 사람들이 고사를 지내는 느티나무도 수령이 오래되어 고목이 된 것 외에는 아무것도 아니다. 우리에게 시원한 그늘을 제공하니 고마울 따름이다.

어쩌면 그 느티나무도 무지한 마을 사람들에 의해 피해를 볼 뿐이다. 억지로 금줄을 쳐야 하고 쓸데없는 치장을 해야 했다. 팔자에 없는 제사를 받아야 하고 숭배의 대상이 되었다. 그러고 보니 그 나무도 스트레스를 많이 받는 듯했다. (2007. 11. 24)

973. 코람데오 신앙

우리 집 뒷산 기슭에 거북이 같기도 하고 두꺼비 같기도 한, 계단식 밭이 하나 있었다. 100평 남짓한 그 땅을 사려고 포항으로 갔다. 어젯밤에 땅 주인이 만나자고 하였기 때문이다.

11시경 포항에 도착했더니 그가 다니는 교회 목사님이 함께 나왔다. 오래전 하나님께 바친 땅이라 목사님을 모시고 왔다고 했다.

그래서 토지 대금은 그 목사님에게 주고 이전 서류만 그에게서 받았다. 세무서에 가서 양도 신고까지 마치고 늦게 돌아왔다.

오래전 그 땅에 판잣집 교회가 있었으며, 할머니 전도사의 연세가 많아 서울 아들네 집으로 올라간 후, 폐가 상태로 방치되다가 무너졌다고 들었다.

그때 땅 주인은 그 마을에 살면서 교회당 부지로 땅을 제공하였던바, 40년이 지난 지금 그 약속을 온전히 지키기 위해 땅값을 목사님께 드렸다고 하였다.

그는 비록 기성 교단이 이단이라고 배척하는 교회의 신자였으나, 하나님 앞에서 한 약속을 틀림없이 지켰다. 그에게서 '코람데오(coram Deo, 하나님 앞에서) 신앙'을 엿볼 수 있었다.

그리고 남아프리카 공화국 넬슨 만델라(Nelson Mandela, 1918-2013) 대통령이 즐겨 인용한다는 '우분투(Ubuntu, 네가 있기에 내가 있다) 정신'도 그에게서 느낄 수 있었다. (2007. 11. 26)

974. 영혼의 소리

새벽예배 후 기도하고 싶다는 영혼의 소리가 들렸다. 쪽문을 통해 사랑방으로 기어들어 갔다. 냉골이나 기도하기에는 좋았다. 나는 여전히 많은 문제를 가지고 있었는바, 마음이 늘 편치를 않았다.

어느 것 하나도 나 스스로 할 수 없기는 예나 지금이나 마찬가지다. 하나님께 맡기고 기도할 수밖에 없다. 이제는 하나님의 일에 전념할 때도 되었건만, 아직도 내 일에 얽매여 있다는 생각에 송구스러웠다.

군에서 복무하는 아들과 중국에서 유학하는 딸을 위해, 여종과 그 자녀를 위해, 부모와 형제자매를 위해, 그리고 내게 주어진 사명을 위해 기도했다.

그때 깜빡 잊고 있던 환상이 기억났다. 한 뼘 정도 되는 케이스에 작은 책자가 가득 들어 있었다. 모르긴 하여도 줄잡아 사오십 권은 되었다.

사실 이제까지 예수나라 교리와 교훈을 작성하느라 여념이 없었다. 한 권으로 부족할 것 같아 여러 권으로 보여주신 게 아닌가 싶었다. (2007. 11. 30)

975. 무료한 시간

내 직위가 해제된 듯했다. 사무실 한쪽 구석에 앉아 무료한 시간을 보냈다. 사무원 자매가 관보를 갖다 주면서 읽어보라고 하였다. 그리고 열람자 칸에 사인도 하라고 했다.

그때 '큰 뿌리'라는 사람이 서류를 넘기며 결재하는 모습이 보였다. 그는 서류에다 무엇을 쓰면서 사인을 하였는데, 결재권자로서 무슨 지시를 하는 듯했다.

그리고 나는 '동녘의 길'이라는 친구의 책상 옆에서, 그야말로 몸도 제대로 가누기 힘든 좁은 공간에 처박혀 있었다. 얼마 후 그가 책상을 옮기자 내 운신의 폭이 조금 넓어졌다. (2007. 12. 7)

976. 맨발의 청춘

무슨 일을 하다가 여의치 않아 잠시 뒤로 물러나 있었다. 그런데 계속 그 문제가 이어져 시간이 지체되었다. 그래서 어디를 가려고 길을 나섰다.

그때 양말이 벗겨져 맨발이라는 사실을 발견하고, 우선 양말을 사 신어야 한다는 생각에 옆길로 들어가게 되었다. 하지만 거기서 양말을 살 수가 없어 가까운 지름길을 택해 달리기 시작했다.

가는 길이 평탄치 않을 것으로 여겨졌으나 예상 밖으로 길이 험하지 않았으며, 미리 다리의 장애를 감안하고 있었으나 의외로 빨리 달릴 수 있었다.

어느덧 목적지가 눈앞에 보였다. 마지막으로 큰 밭을 가로질러 가게 되었다. 그때 밭에 심긴 식물이 있었는데, 옻나무 순 같은 것이 한 곳에 3개씩 빼곡히 심겨져 있었다.

"아니, 이건 옻나무 아닌가?"

그러자 여종이 대뜸 말했다.

"옻이 아니라 소태예요."

소태는 그 껍질이 너무 써서 일반적으로 매우 쓴 것을 일컬어 소태 같다고 하는데 바로 그 나무였다. 소태는 일부러 먹지 않는 한 사람에게 피해를 주지 않았다.

하지만 옻은 만지거나 근방에만 가도 옻이 오르는 무서운 나무였다. 옻을 유달리 잘 타는 나는 소태라는 말에 겨우 한시름 놓았다. (2007. 12. 8)

977. 하리정

공동체 가족들과 함께 즐거운 마음으로 열심히 일하다가 보니, 시간 가는 줄을 모르고 지냈다. 어느 날 맞은편 언덕에서 흰옷 입은 소녀가 신데렐라(Cinderella, 의붓자식 이야기의 여주인공)처럼 해맑은 미소를 지으며 나타났다.

소녀의 몸매는 가냘프게 보였으나 상당히 귀여웠으며, 예쁜 티는 없었으나 아주 깜찍하게 생겼으며, 화장을 하지는 않았으나 매우 신선하게 보였으며, 머리털부터 발끝까지 하얀 천으로 너풀거리는 옷을 입고 있어 천사처럼 보였다.

그리고 머리에도 하얀 띠를 두르고 있었는데, 그 띠에 '하리정의 정체는'이라는 글이 씌어 있었다. 또 왕의 홀(笏) 같은 것을 왼손으로는 위쪽을, 오른손으로는 아래쪽을 잡고 있었으며, 무엇인가 강한 메시지를 던지는 듯했다.

'하리정'은 소녀의 이름으로 짐작되었으나, 그 이름에도 특별한 의미가 깃들어 있다는 생각이 들었다. (2007. 12. 21)

978. 죽은피

공동체를 설립하기 위해 마을을 샅샅이 살펴보고 있었다. 여기저기 구석구석 안 가본 곳이 없을 정도로 돌아다녔다. 하지만 여유가 없어 마음만 앞설 뿐이었다.

그때 마을 이장이 자기 집을 지을 땅을 찾는다고 하면서 역시 땅을 보러 다녔다. 그래서 그와 함께 다시 마을을 둘러보게 되었는데, 그는 여유가 있었으나 맞는 땅이 없었다.

이장이 여기저기 땅을 모조리 다 사버리면 어떡하나 하고 마음이 조마조마하였는데, 막상 살만한 땅이 없다고 하니 안심이 되었다.

그리고 집에 돌아와 보니, 언제 무슨 사고로 다쳤는지 자세히 알 수는 없었으나, 상당히 오랫동안 치료를 받고 있는 아이가 휠체어를 타고 있었다.

그 아이 옆에는 어머니처럼 지극정성으로 돌보는 서너 명의 자매가 있었는데, 아이가 사고를 당한 후 잠시도 그 곁을 떠나지 않고 보살핀 것으로 보였다. 그동안 아이는 정신이 혼미한 상태로 지냈으나, 이제 어느 정도 호전되어 제정신이 돌아온 듯했다.

그런데 또 다른 문제가 생겼다고 하면서 아이를 돌보는 자매들이 안절부절못했다. 겉보기에 아이는 거의 다 나은 듯했지만, 여전히 휠체어에 탄 채 꼼짝달싹하지 않았다.

사고가 얼마나 컸는지 가히 짐작할 수 있었다. 이제 겨우 회복하는 듯이 보였는데, 다시 문제가 생겨 모두가 안타까워했다.

다름 아니라 아이가 입고 있는 윗도리가 흠뻑 젖을 정도로 몸에서 피가 솟구쳤던 것이다. 아이가 피로 얼룩져 모두 어쩔 줄을 몰라 허둥거렸다.

그때 아이가 입고 있는 윗옷이 불그스름하게 젖었으며, 어깨 부분은 실오라기 사이사이로 붉은 핏방울이 송알송알 맺혀 있었다.

그런데 나는 그것이 오히려 하나님의 은혜라는 생각이 들었다. 아이의 자유 의지가 병마와 싸워 자기 몸속에 있던 더러운 피를 몸 밖으로 뿜어낸 듯이 보였기 때문이다.

죽은피가 몸속을 떠돌다가, 아이가 어느 정도 건강을 회복하자 더 이상 버틸 수 없었던바, 땀구멍을 통해 배출되었음이 틀림없어 보였다.

예수님이 겟세마네 동산에서 열정적으로 기도하실 때, 예수님의 몸속에 있던 피가 땀방울처럼 솟아났던 일이 상기되었다. 물론 그 피는 산

피였다.

그와 같이 아이도 살아야 한다는 굳센 의지와 믿음으로 자기 몸속에 있는 죽은피를 몸 밖으로 밀어내고 깨끗한 피로 대체하였던 것이다.

그때 한마디 말도 없이 그저 그렇게 조용히 휠체어에 앉은 아이가, 얼굴이 약간 길쭉하고 둥글넓적하며, 앉은키가 유달리 큰 것이 바로 나 자신처럼 보였다.

그리고 눈을 떠보니, 2007년 12월 25일 0시를 가리키고 있었다. 이어서 나는 날이 새도록 나를 해치려는 무리에게 쫓겨 다니는 꿈을 꾸었다.

하지만 다행스럽게도, 나를 돕는 사람들이 곳곳에 포진하고 있었던 바, 줄곧 쫓겨 다니기는 하였으나 원수와 직접 부닥치는 일은 없었다.

(2007. 12. 25. 성탄절)

979. 장림산

연말연시를 맞아 수많은 사람들이 줄을 지어 어느 건물 안으로 들어가고 있었다. 까맣고 반들반들한 대리석에 노란 구리로 산뜻하게 새겨진 간판이 보였다.

중국식 한문으로 쓰여 읽기가 쉽지 않았지만, 앞에 있는 '長林山'이라는 글자는 분명히 알 수 있었다. 장림산은 우리말로 백두산이다.

그런데 웅장하고 아름답게 지어진 그 건물 안에, 공사할 때 무너진 부분을 그대로 남겨 두었다. 건물 복판이 붕괴되어 거꾸로 처박힌 원통 모양의 잔해를 방치하여 사람들에게 교훈을 주고 있었다. 그게 의외로 평판이 좋아 관광 명소로 자리매김하였다.

그리고 거꾸로 엎어진 원통 속에 씻는 의식을 위해 만들어진 큰 대야가 있었다. 그 대야 역시 아래로 곤두박질쳐 엎어진 상태로 있었다. 하지만 사람들은 꼬부라진 그 원통 속을 지나는 동안, 상하와 전후좌우의 방향 감각을 상실하여 자신이 거꾸로 서 있는지 똑바로 서 있는지를 분간하지 못했다.

그래서 사람들은 거꾸로 처박힌 대야에서 자연스럽게 씻는 의식을 행하고 나왔는데, 밖으로 나온 후 위로 올라가 내려다보면 사람들이 거꾸로 서서 씻는 모습을 확인할 수 있었다.

나도 거기서 거꾸로 처박혀 씻는 의식을 마치고 나왔다. 그때 '새해 소망은 반드시 이루어진다!'라는 하늘의 메시지가 들리는 듯했다. (2007. 12. 27)

980. 맞지 않아요!

'민첩한 빛'이 내 제안을 두세 차례나 거절하면서 이렇게 똑같이 말했다.
"맞지 않아요!"

그래서인지 오늘 두세 차례에 걸쳐 내 뜻에 맞지 않은 일이 일어났다. 11시에 맞춰 법원에 갔더니 11시에 입찰이 마감되었다고 하였다. 아무리 오랜만에 법원에 갔기로 서니 내가 봐도 정말 이상한 일이었다. 하나님의 뜻으로 여겨졌다. (2007. 12. 28)

981. 상전벽해

2008년 새해가 밝았다. 새해 첫날 0시에 송구영신 예배를 드리려고 마음은 먹었으나, 육신이 너무 피곤하여 그냥 자고 새벽예배를 드리기로 하였다. 그렇게 자리에 들었다가 새벽녘에 환상을 보았다.

상하로 길쭉한 밭을 경작하였더니, 어떤 사람이 우측으로 길쭉한 땅을 내주었다. 그래서 땅이 기역 자를 거꾸로 놓은 니은 자 모양이 되었다.

그 두 땅을 합쳐서 경작하였더니 뭔가 약간 이상한 듯했다. 심각한 것이 아니어서 그대로 경작하였다. 그런데 얼마 후에 보니, 가로와 세로의 모든 땅이 강으로 변해 있었다. 그 강에서 동네 아이들이 목욕하고 있었다.

"이런, 이거야말로 상전벽해가 아니고 뭐란 말인가?"

그리고 집으로 돌아가는 아이들을 보니, 그들 가운데 집도 절도 없이 떠돌아다니는 고아가 하나 있었다. 남의 일 같지 않다는 생각이 들었다.

(2008. 1. 1)

982. 마음속 지옥

오래전에 교회당이 있던 땅을 샀다. 위아래는 더해져야 하고, 중간은 감해져야 하며, 가운데는 없어져야 한다는 표지가 보였다. 그러자 계단식 두 필지가 선명하게 드러났다.

그리고 어디를 걸어가고 있었다. 미아리 고개처럼 보이는 언덕이었다. 그 고개를 넘어서자 맞은편 찻길에서 굶주린 암사자 한 마리가 어슬렁어슬렁 올라오고 있었다.

그때 나는 왼쪽 인도로 내려가고 있었다. 사자가 기습하면 맨주먹으로 싸울 수밖에 없었다. 맨손으로 사자를 찢었던 삼손이 생각났다. 그와 같이 사자를 죽여야 내가 살 수 있다는 생각이 들었다.

사자가 내 밥이 되느냐, 내가 사자의 밥이 되느냐의 기로에 서 있었다. 다른 방법이 없어 삼손처럼 담대하게, 그러나 조심스럽게 내려갔다.

그러나 사자는 나를 본척만척하며 그대로 차도를 따라 천천히 걸어 올라갔다. 그리고 고갯마루에 앉아 주변을 두리번거렸다. 오가는 차는 전혀 보이지 않았다.

하지만 나는 여전히 두려운 생각을 떨쳐버리지 못하고, 길가에 세워진 판자때기 속으로 들어가 웅크리고 앉아 중얼거렸다.

"여기까지 내려와 주둥이를 들이밀면 삼손처럼 아가리를 찢어버려야지!"

그때 나는 내 마음속 지옥에 갇혀 벌벌 떨고 있었다. 조금 전 급박했을 때의 담대함은 어디에서도 찾아볼 수 없었다. (2008. 1. 3)

983. 씻음의 영성

어디서 무엇을 열심히 하다가 잠시 쉬고 있었다. 그때 젊은 자매 2명이 우리 공동체의 일꾼으로 들어왔다. 그들에게 일자리를 마련해 주려고 자리에서 일어났더니 잠옷 차림이었다.

우선 밖에 나가 몸을 씻었다. 평소 깨끗한 줄로 여기던 하얀 살에서 때가 뭉텅이로 나왔다. 가관이 아니었다. 작은 판자때기로 피부를 밀었다. 때가 아니라 피부가 한 꺼풀 벗겨지는 듯했다. 누리끼리한 때를 한 겹 벗겨내자 새하얀 속살이 흰 눈처럼 드러났다.

그리고 함께한 자매에게 천정과 부엌, 화장실까지 모두 깨끗이 청소하라고 일러주었다. 그때 내 주변의 환경이 너무 지저분하다는 사실을 발견하였다. (2008. 1. 5)

984. 어린 꿀벌

어느 비탈진 오솔길을 따라서 산등성이를 돌아가고 있었다. 우측으로 수십 길 낭떠러지가 있었고, 그 아래는 흉흉한 물결이 보였다.

굽이굽이 산허리를 돌아가다가 보니 '만사 좋아'라는 친구가 길가에 앉아 무엇을 준비하고 있었다. 그때 우리와 함께 있던 '영화로운 순종'이 장난기가 발동하여 나와 그 친구를 우측 낭떠러지로 밀쳐버렸다.

엉겁결에 물에 떨어진 우리는 얼마쯤 떠내려가고 있었다. 그런데 물살이 급해지고 있음을 느꼈다. 아니나 다를까 아래쪽에 나이아가라(Niagara) 같은 큰 폭포가 있었다.

거기 떨어지기라도 하는 날이면 그야말로 뼈도 못 추릴 듯했다. 서두르지 않으면 큰일이 날 수밖에 없었다. 조금 앞서 내려가던 내가 먼저 그 사실을 알아채고 '만사 좋아'에게 알려주었다.

그래서 어렵게나마 우리는 우측 강둑으로 기어 올라가 위기를 모면하게 되었다. 다행히 우측에 농수로 같은 보가 있었던바, 그것을 잡고 쉽게 올라갈 수 있었다.

그리고 다시 오솔길을 따라 한참 걷다가 보니 점점 더 길이 험해지기 시작했다. 급기야 발 디딜 틈조차 없는 아슬아슬한 벼랑이 나타났다.

길 위에 툭 튀어나온 바위가 있었다. 마치 어떤 소주 모델 배불뚝이처럼 보였다. 그런데 거기 밧줄 같기도 하고 무슨 넝쿨 같기도 한 것이 이쪽에서 저쪽까지 연결되어 있었다. 사람들이 그것을 잡고 건너가는 듯했다.

나는 쉽게 용기가 나지 않았다. 하지만 달리 방법이 없었다. 그 밧줄을 잡고 타잔처럼 건너가기로 마음을 먹었다. 그때 아래쪽을 보지 않으려고 눈을 감았다. 그리고 평지에서 밧줄을 잡고 건넌다는 연상법을 활용했다.

그리고 얼마 후, 나는 다시 어느 곳에 도착하여 가파른 계단을 내려가고 있었다. 나를 따라오던 어린 꿀벌이 졸리는 듯 자꾸 치근댔다. 나는 이미 많은 짐을 지거나 들고 있었던바, 아이를 안아주기 어려웠다.

하지만 아이가 너무 힘들어하므로 어쩔 수 없이 덥석 안아 어깨 위로 올렸다. 그러자 아이는 안심한 듯 자기 몸을 전적으로 내게 맡기고 금방 잠이 들었다. 그런데 그 많은 짐에다 아이까지 짊어진 그때가 오히려 짐이 가볍고 홀가분하다는 느낌이 들었다.

그리고 다시 얼마의 시간이 지났다. 아이를 자동차 뒷자리에 앉혀 어디로 가려고 하였다. 그런데 이번에는 차가 고장이 나서 지체되었다. 그때 나와 '만사 좋아'를 벼랑으로 밀었던 '영화로운 순종'이 갑자기 나타나 능수능란한 솜씨로 차를 고쳐주었다.

그러다가 환상에서 깨어났다. '중국에서 공부하는 꿀벌'이 마음에 걸려 잠시 기도했다. (2008. 1. 11)

985. 어린 아들

마지막 배우의 음란한 연극을 보고 매점에 들러 과자를 한 봉지 샀다. 그리고 나와서 집으로 돌아가고 있었다. 그때 어디서 나타났는지 굶주린 사자 같은 개 한 마리가 따라왔다.

그 개에게 한 아이가 다가가더니 붙잡고 쓰다듬어 주었다. 하지만 개는 아이보다 내게 관심이 있는 듯했다. 그래서 들고 있던 과자를 개 주둥이에 갖다 댔더니 날름 받아먹으며 손까지 물고 놓아주지 않았다.

"자, 착하지! 그래, 착해!"

하면서 아이가 하던 흉내를 내며 개를 쓰다듬어 주었다. 그러자 개가 물었던 손을 놓아주었다. 나는 가지고 있던 과자 봉지를 통째로 개에게 쏟아주고 그곳을 떠났다.

그리고 얼마 후, 나는 어린 아들과 함께 깊은 물속에 잠겨있었다. 물은 그리 깨끗지 않았으나 수심은 어른 한 키 정도나 되었다.

그때 아이가 몇 차례 물속에 잠겼다가 올라왔다 하는 모습이 보였다.

아이가 일어날 때 목까지 물이 찰랑거렸다. 그럴 때마다 아이를 들어 올려 물 밖에서 숨을 쉬도록 도와주었다.

그러다가 아이가 물속에 푹 잠기더니 얼굴이 새파래졌다. 아이를 끌어 올려 갯바위에 눕히고 등을 두드려주자 물을 토해냈다. 얼마 전에 먹었던 국수 몇 가락이 나왔다. 아이가 약간 힘들어 하였으나 못 견딜 정도는 아닌 듯했다.

그리고 환상에서 깨어났다. 지난해 6월 특전사에 입대한 아들이 생각나 잠시 기도했다. (2008. 1. 12)

986. 바른 규정

사무실에 출근하기 위해 신작로를 따라 올라가고 있었다. 그때 '바른 규정'이라는 사람이 시종일관 내 옆을 지키며 따라오고 있었다. 우리가 걸어가는 주변에도 수많은 사람들이 북적거리며 삼삼오오 무리를 지어 출근하는 모습이 보였다.

그런데 얼마큼 가다가 보니, 사람들이 걸음을 멈추고 그 자리에 서서 부동자세를 취하고 있었다. 그때 스피커를 통해 떨리는 목소리가 흘러나왔다.

"급기야 그놈의 돈 때문에 애굽이 나라를 포기하고 말았습니다."

하지만 나는 그 말에 아랑곳하지 않고 사무실을 향해 부지런히 올라갔다. 이집트가 우리와 직접적으로 관계가 없었을 뿐만 아니라, 내 불편한 발걸음 때문이었다. 다른 사람들과 보조를 맞추기 위해 부지런히 걸어가야 했다.

나는 다리에도 장애가 있었지만, 발에 맞지 않는 신발로 인해 더욱 걸음걸이가 불편했다. 다른 사람들이 잠시라도 서 있을 때 조금이라도 더 걸어서 따라가기를 원하였다.

그래서 계속 걸으며 보니 나보다 나이도 많고 직위도 높은 '바른 규정'이 끝까지 나와 함께하는 모습이 보였다. 그는 실로 나보다 존귀한 사람이었으나, 오직 겸손한 까닭에 나와 함께했다.

내가 빨리 걸으면 그도 빨리 걷고, 내가 쉬면 그도 쉬기를 반복하였다. 내 왼편에서 나를 떠나지 않는다는 사실을 확인하자 한결 위안이 되었다.

그렇게 '바른 규정'은 언제나 나와 함께하였으나 결코 나보다 앞서 나가지 않았다. 마치 내 수호천사라도 된 듯이 그림자처럼 동행하였다.

얼마 후 사무실 현관에 도착하였다. 그때까지 사람들은 여전히 스피커에 귀를 기울이고 있었다. 그제야 나는 다소 여유를 찾아 한숨 돌리며 나 자신을 살펴보았다.

그런데 이게 어찌 된 일인가? 왼발에는 하얀 구두를, 오른발에는 까만 구두를 신고 있었다. 다행히 하얀 구두 한 짝은 왼손에 들고 있었으나 까만 구두 한 짝은 아예 보이지 않았다.

하지만 하얀 구두나 까만 구두가 모두 작아서 반 정도밖에 발에 들어가지 않았다. 그렇지 않아도 불편한 다리에 신발까지 맞지 않아 걸음걸이가 불편할 수밖에 없었다.

알고 보니 그래서 남들보다 서둘러 빨리 걸어야 한다는 부담을 가졌던 것이다. 그 사실을 뒤늦게나마 알게 되어 다행이라는 생각이 들었다.
(2008. 1. 15)

987. 노화 현상

일찍이 어느 신학자가 걸어 다니는 종합병원이라 일컬음을 받더니, 내가 그와 비슷한 처지는 아닌지 모르겠다.

정수리의 지루피부염을 비롯하여 침침하고 가려운 눈에 인공 눈물을 수시로 넣어야 하는가 하면, 그리 심하지는 않지만 낮은 목소리를 못 알아들을 정도로 어두워진 귀며, 수십 년은 되었을 것으로 여겨지는 알레르기성 비염에, 잇몸 질환과 치아우식증, 혈액순환 장애로 목과 어깨의 뼈근함과 붉은 반점들, 손목과 팔목, 팔꿈치 등의 엘보 증상, 심심찮게 찾아오는 허리 통증, 위하수증으로 인한 소화 불량과 십이지장 궤양, 한 번 수술로 깨끗해진 줄로 알았던 치질이 피곤하면 가끔 생기는가 하면, 전립선비대증으로 인한 소변 불편, 절단된 다리의 끔찍한 절임, 알츠하이머 초기로 짐작되는 인지 장애, 불규칙적으로 발생하는 고혈압 증상, 심장 부정맥, 아주 가끔씩 발생하는 정체불명의 어지럼증 등이 노화 현상으로 찾아온 게 아닌가 싶다. (2008. 1. 28)

988. 붉은 죽

2009년 무자년 설날을 본가에서 맞았다. 밤이 맞도록 잠을 설치며 뒤척이다 새벽녘에 환상을 보았다.

큰 가마솥에 붉은 죽이 부글부글 끓고 있었다. 더러운 죄악으로 여겨졌다. 그 죽 속에 귀신으로 보이는 뱀의 형체가 꿈틀거리고 있어 깜짝 놀랐다.

그놈이 언제 어떤 모습으로 뛰쳐나와 해코지할지 모른다는 생각이 들었다. 무섭고 두려웠다. 주의 깊게 지켜보고 있었다. 얼마나 큰 놈인지, 얼마나 힘이 센지 몰라 더욱 긴장되었다.

시간이 지나자 펄펄 끓던 죽이 점점 졸아들었다. 거의 밑바닥까지 줄어 자글자글 소리를 냈다. 죽이 거의 잦아들자 뱀 한 마리가 똬리를 틀고 솥 바닥에 있었다.

그런데 자세히 보니 뱀이 아니라 거품이었다. 죽이 가마솥에서 완전히 사라지고 텅 빈 바닥을 드러냈을 때, 뱀의 형상은 흔적도 없이 사라지고 보이지 않았다.

"아, 이제야 내 마음이 시원하구나! 내가 너무 심각하게 받아들이고 있었어. 그건 귀신이 아니라 한갓 거품이었어. 그래, 모든 일은 다 때가 있어. 기다리다 보면 하나님께서 선으로 합력시켜 주실 거야!"

어제 섣달 그믐날, 우리 가족들이 삼일예배를 드리기 위해 모두 한자리에 모였다. 참으로 오랜만이었다. 그때 나는 유교와 제사에 대한 역사적 배경을 설명하면서 가족들을 설득하려고 하였다.

제사는 송나라 유학자 주희(朱熹, 朱子, 1130~1200)에 의해 죽은 조상에 대한 아쉬움의 일환으로 시작되었으며, 한국에 들어와 오랜 세월을 거치며, 우리 민족의 미풍양속처럼 자리매김하였다는 사실을 설명하였다.

그때 아버지가 무척 난감하다는 듯 말했다.

"기독교니 유교니 하는 종교 문제를 떠나서, 내 아버지와 할아버지 등 윗대 조상들이 대대로 지켜오던 관습을 내 대에서 중단하는 것이 도리가 아니라는 생각이 든다. 그러니 내가 죽은 후에는 제사를 드리지 않더라도, 내가 살아있을 동안에는 지낼 터이니 그렇게 알아라."

그러자 동생이 옆에서 거들었다.

"저는 종교도 좋고 형님도 존경하지만, 제 아버지와 어머니가 세상에서 가장 좋습니다. 아버지가 원하시는 대로 하겠습니다. 아버지와 어머니가 돌아가신 후에는, 형님이 장남이니 형님의 뜻대로 하세요."

그때 어머니가 여기저기 눈치를 살피다가 떠듬떠듬 말했다. 부모와 자식, 자식과 자식 사이에서 일어날지도 모르는 분쟁을 차단하려고 절충안을 내어놓은 것으로 보였다.

"당분간은 제사를 지내도 계속 지낼 수는 없어. 나도 이제 나이가 많아 준비하기도 힘들어. 추도식도 있는데 굳이 제사를 지낼 이유가 없잖아? 그러니 앞으로 1년 정도만 지내고, 그 후에는 지내지 말아야 해!"

모든 가족이 나와 아버지의 견해 차이를 의식하고 있다는 생각이 들어 내가 확실히 말했다.

"조상들의 전통이나 의식 문제로 가족 간의 다툼이나 갈등이 생겨서는 안 된다고 봅니다. 적어도 우리 집안에서는 제사 문제로 인한 그 어떤 분쟁도 없을 것입니다. 천하에 범사는 다 때가 있습니다. 나는 모든 의견을 다 받아들일 준비가 되어 있습니다.

그러니 장래 일을 앞당겨 미리 걱정하지 맙시다. 내일 일은 내일이 알아서 할 것입니다. 하나님께서 최선의 방법으로 우리를 인도하실 겁니다. 이는 우리가 믿던 안 믿던 분명하다고 봅니다."

그리고 예배를 마치고 잠자리에 들었다. 하지만 통 잠을 이룰 수 없었다. 일어나 기도하다가 다시 누웠지만 마찬가지였다. 이리 뒤척이고 저리 뒤척이다가 또 일어나 기도하기를 반복하였다. 그러다가 새벽녘에 붉은 죽 환상을 보고 마음이 편해졌다. (2008. 2. 7. 설날)

989. 신정현

나도 모르게 지하 세계에 머물고 있었다. 그때 '돈 바로 벌고 돈 바로 쓰기 운동'을 해야겠다는 생각이 들었다. 협조자가 필요하여 살펴보니 마침 어느 단체의 회장이 보였다.

그에게 '돈바벌 돈바쓰 운동'을 전개하자고 하였더니, 마침 기다렸다는 듯 따라오라고 하였다. 그래서 그와 함께 지상 세계로 올라가게 되었다.

그런데 힘들게 출구 가까이 올라가자 그곳을 지키는 사람이 출입문 뚜껑을 닫아버렸다. 그때 내 앞서 올라간 그 회장이 뒤에 사람이 있다고 손짓하자 다시 뚜껑이 열렸다. 뚜껑 밖으로 나가 보니 어느 맨홀에서 빠져나온 듯했다.

그렇게 지상에 나와 보니 어느 건물 현관 앞이었다. 그 안으로 들어갔더니 사람들이 무슨 행사를 준비하고 있었다. 이미 의자에 앉거나 앉을 자리를 찾아 서성거리는 사람들이 있었다.

그들을 비집고 앞으로 나가려고 하였더니 안내자가 한 자리를 가리키며 거기 앉으라고 했다. 맨 앞에 의자가 몇 개 비어 있었으며, 그 옆으로 붉은 카펫이 깔려 있었다.

그 자리에도 이미 앉은 사람이 있었는데, 그가 목에 걸친 표찰을 보니 '신정현'이었다. 그 이름이 '남의 선행을 세상에 밝히 드러내 보임'이라는 의미로 다가왔다. (2008. 2. 8)

990. 시간의 역사

신축 건물로 사무실을 이전하였더니, 그 자리에 구내식당을 옮기려고 하였다. 그동안 식당이 비좁아 이용자들이 불편하였던바, 즉시 시설 공사에 들어갔다. 하지만 1층 식당이 5층으로 올라가 불편한 사람들도 있을 듯했다.

그런데 책상을 정리하다 보니 내 육법전서가 없었다. 그래서 옛 사무실 5층으로 다시 올라갔다. 동료와 함께 가보니 식당으로서 시설이 어느 정도 갖춰져 있었다.

육법전서가 주방에 있다는 얘기를 듣고 홀 아래로 내려갔다. 그때 동료가 말했다.

"여기까지 올라온 김에 식사부터 합시다."

그래서 우리는 거기서 점심을 먹기로 했다. 시간도 1시가 가까웠다. 벽에 임시로 붙여놓은 메뉴판을 보니 동일한 메뉴에 가격 차이가 있었다.

그때 옆에 있던 사람이 이르기를, 식사 시간 중에 주문하면 5,000원이고, 식사 시간이 지나서 주문하면 19,100원이라고 하였다. 그러고 보니 막 1시가 지났다. 우리는 5,000원짜리 음식을 19,100원에 사먹게 되었다. 그야말로 시간이 돈이었다.

게다가 마지막으로 나온 음식을 보니, 큰 쟁반에 은박지 접시만 수북이 쌓여있었다. 일회용 접시에 밥과 반찬을 동시에 담아 포개 놓았던 것이다.

먼저 온 사람들이 위에 놓인 접시를 들고 나가자, 아래쪽의 접시는 뒤틀어지고 짓눌러서 개밥처럼 되어 있었다. 우리는 마지막 남은 몇 개 접시 가운데 좀 덜 상한 것을 골라 먹을 수밖에 없었다.

나물 반찬은 말라비틀어져 성냥개비처럼 딱딱해 걷어내고, 고추장 하나로 쓱쓱 비벼 먹기 시작하였다. 그러자 옆 사람이 맛있게 보인다고 하면서 다가와 거들었다.

마침 '세상의 딸'이라는 주방장이 우리에게 다가오는 모습이 보였다. 그녀를 보는 순간 함께 있던 '세상의 아들'이 소리를 꽥 질렀다.

"이봐, 이것도 밥이라고 우리에게 먹으라고 준 거야!"

그것을 보고, 음식의 양과 질은 물론, 음식값과 종사자의 서비스까지 바뀌는 시간, 우리에게 운명과 기회를 제공하는 카이로스(Kairos) 시간이 아주 소중하다는 사실을 깨달았다.

그때 어떤 사람이 다가와 자기 신용카드와 닭을 잃어버렸다고 소리를 질렀다. 그리고 아무리 찾아도 없다고 하면서, 부득이 수사를 의뢰하게 되었으니 협조를 부탁한다고 했다.

수사망이 차근차근 좁혀지자, 한 경비원이 자기 동료들과 함께 닭을 잡아먹었다는 사실을 스스로 실토했다. 또 한 아줌마가 자기 사진과 칩을 붙여 그 신용카드를 사용하다가 자진하여 갖다놓고 사라졌다.

그래서 사건은 변곡점 없이 유의미하게 종결되었다. 그때 누구에게나 공평하게 주어지는 역사의 시간, 크로노스(Kronos)도 우리에게 꼭 필요하다는 생각이 들었다.

처음에는 모든 것이 뒤틀리고 어렵다가 어느 정도의 시간이 지나자 하나둘씩 스스로 술술 풀려나갔다. 수사관은 나와 함께 하룻밤을 지낸 후, 일찍 일어나 짐을 챙겨 떠나려고 하였다.

그때 그가 방으로 들어오는 모습을 보니, 다리를 비롯하여 온몸에 화상 흉터로 보이는 백화 자국이 있었다. 그는 신 씨 성을 가진 20대 검사였다.

그는 장래가 촉망되는 유능한 청년이었으나, 옥에 티 같은 피부병으로 기를 펴지 못하고 지냈다. 정말 안타까웠다. 그가 옷가지와 가방을 챙기며 말했다.

"제게 연인이 하나 있기는 하지만 요즘 통 연락이 없네요." (2008. 2. 9)

991. 작은 발걸음

예수나라의 교리와 교훈을 교정하고 있었다. 분량도 많은 데다 정신까지 혼미해 중복되는 부분이 많았다. 그래서 교정하는 작업이 늦어져 3월쯤으로 계획한 출판이 어림도 없었다.

그런 부담 때문인지 일찍 잠에서 깨어나 통 잠을 이루지 못했다. 새벽녘에 하나님께서 환상을 보여주셨지만, 그것이 무엇인지 자세히 알 수 없었다.

내가 하는 일들이 모두 일사천리로 진척되기를 원했다. 하지만 실상은 그러지 못하여 고심 중에 있었다. 정신을 가다듬고 모든 일을 처음부터 다시 점검하여 보았다.

그때 내 앞뒤로 똑같은 상자가 쭉 이어져 있어 하나씩 열어보았다. 먼저 바로 앞에 있는 상자를 열었다. 이미 생각한 그대로여서 그냥 닫아버렸다.

그런데 뒤에 있는 상자를 열어보니 전혀 뜻밖이었다. 그 속에 '칼 선돌 덧 넣기'라는 쪽지가 들어있었기 때문이다. 그때 섬뜩하면서도 시원한 느낌을 받았다. 하지만 그 의미는 알 수가 없었다. (2008. 2. 16)

992. 마음의 풍랑

그리 크지도 않았으나 작지도 않은 아담한 호수가 있었다. 조각배를 타고 들어가 유심히 물속을 살펴보았다. 아름답고 아늑하게 생긴 동그란 호수였으나 생각보다 물이 깨끗지 않아 기분이 찝찝하였다.

그때 작은 실뱀 한 마리가 호수를 가로질러 지나가는 모습이 보였다. 마침 작은 칼이 있어 실뱀의 모가지를 자르려고 하였다. 하지만 쏜살같이 옆으로 지나가 버렸다.

심상치 않다는 예감이 들어 주변을 살펴보니 그 뱀만이 아니었다. 칙칙한 물속에 제법 큰 뱀이 웅크리고 있었다. 서둘러 밖으로 나가려고 하였더니, 뒤에도 시커먼 뱀이 바위틈에 쭈그리고 있었다. 그냥 무조건 물밖으로 나가는 것이 상책이었다.

그리고 호숫가를 천천히 걸으며 눈에 보이는 뱀들의 머리를 자르기 시작했다. 그런데 뱀의 숫자도 많을 뿐만 아니라, 모가지가 잘려도 죽지 않고 꿈틀거리는 뱀을 보니 소름이 쫙 끼쳤다.

더 이상 내가 머물 곳이 아니라는 생각이 들어 아예 호수를 떠나려고 하였다. 그래서 서둘러 언덕 위로 올라가 손을 씻었다. (2008. 2. 25)

993. 한 줌의 바람

늘 하던 대로 새벽예배를 드리고 쪽문을 통해 골방으로 들어갔다. 자리를 잡고 앉자 '예수나라 교리와 교훈'을 편찬하는 부담이 반감되는 은혜가 주어졌다.

우선 '예수나라 운영 규정'을 '예수나라 정관'으로 바꾸고, 제9조 '예수나라 정체성'을 '예수나라 교리와 교훈'으로 바꿔서 별책으로 편찬하는 것이었다.

그동안 한 달이 넘도록 교정을 보았으나 진도가 절반도 못 나간 상태이고, A4 용지로 1,000매가 넘는 방대한 자료로 인해 심신이 지쳐가고 있었다.

그래서 교훈 부분 200장은 일단 보류하고, 교리 부분 170장만 우선 교정하기로 하였다. 그러자 무겁게 느껴지던 부담이 어느 정도 해소되었다. (2008. 2. 26)

994. 천국의 계단

먼 산에서 새벽하늘이 어둑어둑한 모습으로 내 눈앞에 들어왔다. 그때 나는 낯익은 신작로를 걸어가고 있었다. 그 길은 오래전에 걸어간 적이 있는 은혜의 길이었다.

신작로를 따라 우측으로 흐르는 강물은 수정같이 맑았다. 물속에서 발가벗은 몸으로 목욕하고 새 옷으로 갈아입었다. 그리고 얼마쯤 길을 따라 올라가다가 다시 내려오고 있었다. 그때 정말 신비하고 놀라운 광경이 펼쳐졌다.

강가에 있던 온갖 동물과 식물, 바위와 흙, 물과 물고기, 심지어 시원하게 불어오는 산들바람까지, 그야말로 세상 만물이 천상의 언어로 하나님을 찬양하였던 것이다.

오늘도 그 동녘 하늘을 바라보며 그 길을 따라 올라가고 있었다. 어둑

새벽으로 먼동이 틀듯 말듯했다. 그때 남쪽 하늘에 있는 별자리 중에서 몇 개가 땅으로 내려오는 모습이 보였다. 마치 무수한 작은 별들과 신비한 빛을 가득 품은 원뿔체 통이 하늘과 땅을 연결시킨 듯했다.

그리고 북극성과 북두칠성이 땅으로 내려왔다. 영롱한 별빛에서 나오는 작은 알갱이들이 거대한 원뿔 기둥을 가득 채웠다. 마치 별을 품고 내려온 천국의 계단처럼 보였다.

하늘에서 가장 밝은 별이 제일 어두운 땅으로 내려왔으며, 지상에서는 가히 찾아볼 수 없는 정말 아름답고 황홀한 광경이 내 눈앞에 펼쳐졌다.

(2008. 3. 1)

995. 기도의 영성

춘삼월 첫 주일이다. 52번째 내 생일이기도 하다. 며칠 전 어머니가 보내주신 쇠고기 미역국을 먹었다. 그러고 보니 내 생일에 미역국을 먹어본 지가 오늘을 빼고 기억조차 없다. 아무튼, 이른 봄 첫 주일에 맞이한 생일 미역국을 먹으니 기분이 야릇했다.

저녁에 자매가 외식을 하자고 했다. 어떻게 해야 할지 몰라 서둘러 기도하였다. 하지만 그에 대한 응답이 없었다. 그런데 뭔가 쫓기듯 불안했다. 마당으로 나갔다. 한참 후 자매가 방문을 열더니 재차 물었다.

'그래, 이미 저녁때는 되었고, 식사 준비도 안 했으니, 그동안 집주인에게 신세 진 것도 있고, 어렵게 말한 자매의 체면도 봐서 그렇게 하자.'

이렇게 생각하며 외식을 승낙했다. 자매가 집주인에게 전화를 걸어 퇴근 시간에 맞춰 식사하러 가자고 하였다. 그러자 주인이 다시 연락하겠다고 했다. 하지만 통 연락이 없었다.

"다시 전화해 봐요. 선약이 있다면 다음으로 미루고."

그래서 전화를 하자 집주인이 자기네 집으로 오라고 했다.

"전화한다고 하고는."

"갑자기 전화가 안 돼서 그랬지. 멀쩡한 전화가 통화를 하려면 전원이 꺼지고, 또 꺼지고 하여 집어 던져버렸더니 막 전화가 왔네."

그래서 읍내로 내려갔다. 약 6km쯤 되었다. 그 집에 가보니 안주인만 있었다. 바깥주인은 인근 식당에서 한잔하며 있다고 했다.

잠시 후 우리는 항구로 나갔다. 횟집에서 식사를 마치고 신발을 신는 순간 구두칼이 뚝 부러졌다. 그때 오늘이 주일이라는 생각이 났다.

"이런, 벌써 9시가 넘어 10시에 가깝잖아?"

집으로 돌아오는 내내 마음이 불편하더니 사악한 영이 본격적으로 참소하기 시작했다.

"그러고도 네가 하나님을 섬기는 종이냐? 주일을 지키지 않은 죄, 예배를 드리지 않은 죄, 예배 시간에 술자리에 앉아 있은 죄, 금쪽같은 시간을 허비한 죄, 알토란같은 주님의 돈을 낭비한 죄…."

집에 도착하자 평소와 달리 개가 짖어대기 시작했다. 가뜩이나 마음이 언짢던 차에 개까지 짖어대자 더욱 기분이 상했다.

"저놈의 개새끼가 주인도 몰라보고! 미친놈같이!"

그러자 개가 미친 듯이 더욱 짖어댔다. 수차례 손전등을 들고 나가 보았지만, 까닭 없이 계속 짖어대기만 했다. 11시가 넘도록 짖어댔다.

나가서 주둥이를 밧줄로 탱탱 감아두고 싶었지만 차마 그럴 수 없었다. 동네 사람들이 금방이라도 뛰쳐나와 한 마디씩 할 것 같아 더욱 두려웠다.

개집을 돌로 꽉 틀어막았더니 잠시 조용했다. 그러나 이내 다시 짖기 시작했다. 새벽 2시쯤이었다. 여종이 나가 막아놓은 돌을 치워주었다. 그러자 아예 밖으로 나와 컹컹 짖어댔다.

"우리 집에 우리 말고 누가 숨어있기라도 한단 말인가? 그렇다면 사악한 귀신이겠지. 그래, 귀신이 우리를 따라왔는지 몰라. 얼마 전 잠시 눈을 붙였는가 싶었는데 어머니를 빙자한 귀신이 그토록 나를 방해했잖아. 그러면 기도할 수밖에. 기도 외에 다른 방법이 없어."

하면서 사랑방 기도실로 기어들어 갔다. 그런데 놀라운 일이 일어났다. 기도를 막 시작하는 순간, 개 짖는 소리가 기적같이 멈췄다.

'우연이나 일시적일 수도 있겠지.'

이렇게 생각하면서도 기도를 계속했다. 이후 개가 꿀 먹은 벙어리가 되었다. 새벽예배를 드리고 밖으로 나가 개밥을 데워줄 때까지 개 짖는 소리는 더 이상 들리지 않았다.

이는 정말 기도의 기적이었다. 기도로 개 짖는 소리를 멈추게 하였던 것이다. 우리를 따라온 귀신이 떠났음을 확신할 수 있었다. 그때 비로소 죄스럽고 부담스러운 마음이 사라지고 평화가 찾아왔다. (2008. 3. 2. 주일)

996. 어부사

어느 식당에서 많은 사람들이 식사하고 있었다. 그들은 군대 같은 조직에서 일했으며 하급 관리부터 고급 관리까지 뒤섞여 있었다. 그때 나도 그들과 함께 식사하고 있었는데, 최하위 관리자로 금방 들어간 듯했다. 군인 계급으로 보면 하사관쯤으로 여겨졌다.

그때 남다른 외모와 권세를 가진 사람이 보였다. 그만 홀로 머리를 길게 기르고 제복 대신 양복을 입고 있었다. 그는 계급이나 직책이 높아서가 아니라, 조직체를 감독하는 직책을 가지고 있었던바, 제도와 질서를 초월하는 특권을 누렸다.

그는 내 불알친구였다. 그의 높은 권세로 인해 그에게 말을 건넬만한 위치에 있지 않다는 사실을 나는 알고 있었다. 나는 그 식당에 모인 사람들 중에서 가장 낮은 관리자였기 때문이다.

아닌 게 아니라 그는 조직체의 최고위직 사람들과 메인테이블에 앉아 이런저런 이야기를 나누었다. 그러다가 느닷없이 나를 향해 한마디 던졌다.

"어부사는 요즘 어떠신가?"

'어부사'라는 호칭에 잠시 어리둥절했다. 그게 내 직위를 말하는지, 아니면 계급이나 무슨 별칭을 의미하는지 몰랐기 때문이다.

그리고 나는 새벽에 일어나 고민에 빠졌다. 그가 말한 '어부사'가 '漁父辭'인지, 아니면 '漁夫士'인지 궁금했기 때문이다. '漁父辭'라면 어부로서 말씀을, '漁夫士'라면 어부로서 정신을 의미하는 것으로 보였다. (2008. 3. 13)

997. 신비한 복원

어제 주일 새벽에 느닷없이 손가락이 간지럽더니 둘째와 셋째 손가락 사이에 물집이 잡혔다. 예배를 드리면서 더욱 간지러워 신경질적으로 문질렀더니 껍데기가 홀랑 벗겨져 피가 났다.

그리고 어제 새벽부터 내리기 시작한 비가 온종일 내리더니 새벽까지 이어졌다. 하지만 오늘 아침은 어느 때보다 상쾌했다. 바람도 더욱 싱그럽게 몸을 스치며 지나갔다.

어제 새벽 2시에 다리가 저리기 시작했다. 환절기마다 찾아오는 불청객이 이번에도 어김없이 찾아왔다. 헤어드라이어로 한 시간쯤 따뜻하게 쐬어보았지만, 별 효과가 없었다.

두유를 마시고 진통제와 혈전 방지제 등을 6알이나 먹었다. 의사가 3가지 약을 1알씩 먹으라고 처방하였으나, 그것으로 어림없다는 사실을 익히 알고 있었던바, 아예 곱빼기로 먹었다. 너무 고통스러워 어찌할 바를 몰라 뒹굴었더니, 속까지 안 좋아 매스껍고 토할 것 같았다.

우리 속담에 임사호천이라는 말이 있잖은가? 더 이상 방법이 없어 사랑방으로 엉금엉금 기어들어가 기도하기 시작했다. 하지만 경험상 하나님의 즉각적 역사는 기대하지 않았다. 약을 먹었으니 좀 도와달라는 정도였다.

"오, 하나님 아버지시여! 저를 좀 도와주십시오. 불쌍히 여겨주십시오. 굽어살펴주십시오. 오늘도 이렇게 고통 중에 있습니다. 이 지긋지긋한 저림을 제발 멈추게 하여 주십시오. 깨끗이 낫게 해 주십시오…"

그야말로 인간으로서 할 수 있는 말은 다 갖다 붙이며 도움을 청했다. 하지만 차도가 없었다. 그때 불현듯 주님의 음성이 들리는 듯했다.

"죽을 지경에 이르러 도움을 구하는 임사호천의 기도는 누구나 다 하지 않느냐? 그렇다면 네가 불신자와 다른 점이 무엇이냐?"

"오, 오, 오! 그렇구나! 정말, 그래! 사도 바울은 그 숱한 핍박과 고통을 겪으면서도 감사함으로 살지 않았는가? 내적 가시와 외적 고통 속에서도 그리스도와 함께 죽는 것도 유익하다고 하지 않았던가?

오, 오, 오! 내 주 예수여! 나의 하나님이여! 나의 모든 것이여! 이 지긋지긋한 저림을 치유하여 주시니 감사합니다. 낫게 하시니 감사합니다. 사라지게 하시니 감사합니다. 멈추게 하시니 감사합니다. 깨끗하게 하시니 감사합니다."

순간순간 생각나는 모든 감사를 동원하여 기도드렸다. 그러자 코와 입이 시원해지기 시작하더니 머리와 마음까지 편안한 느낌이 들었다. 어디선가 안정감이 찾아오고 기쁨이 솟아나기 시작했다. 저림의 고통이 스르르 사라지고 있음을 몸으로 느낄 수 있었다.

이어서 감사한 마음으로 새벽예배를 드리고 은혜로운 간증을 하였다. 밤잠은 설쳤으나 기분은 상쾌했다. 오랜만에 비치는 따스한 아침 햇살과 싱그러운 봄바람이 나를 반갑게 맞아주었다. (2008. 3. 24)

998. 마음의 소리

경북 울진에서 경기도 의정부로 올라갔다. 법원에서 변론기일이 잡혔기 때문이다.

지난 2007년 1월, 동두천에 소재한 상가 건물을 구입하면서 문제가 생겼다. 계약 당시 신용불량자만 아니면 누구나 대출 승계가 가능하다는 은행 직원의 말을 믿고 교회 명의로 이전 등기를 마쳤다.

그런데 막상 저당권 승계를 밟으려고 하였더니 종교 단체는 안 된다고 하였다. 금융 사고도 빈번할 뿐만 아니라, 자기네 은행 내부 규정상 불가능하다고 했다.

이후 백방으로 돌아다니며 알아보았으나 개척교회라 더욱 대환대출이 어려웠다. 부득이 개인 명의로 다시 이전하여 대출금을 승계할 수밖에 없었다. 그러다 보니 법에서 정한 계약 해지 기간 30일을 약간 초과하게 되었다.

그러자 동두천시가 교회 명의로 등기할 때 감면한 등록세와 취득세까지 납부하라고 고지서를 발부했다. 저당권 승계만 가능했다면 1번도 내지 않아도 될 세금을 2번이나 내라는 것이었다.

그래서 여기저기 안다는 세무사와 여러 기관에 알아보았으나 뾰족한 방법이 없었다. 오히려 실명제 위반으로 처벌받을 수도 있으니 자진해서 세금을 납부하는 게 좋다고 하였다. 하지만 그렇게 하기에는 금액도 컸고 너무 억울했다. 어느 모로 보나 원칙이 아니었다.

결국은 관련 규정과 절차에 따라 경기도에 이의신청을 제기하게 되었다. 하지만 일언지하에 기각되었다. 이어서 행정자치부에 심사를 청구했지만 역시 기각되었다. 마지막으로 의정부지방법원에 행정소송을 제기했다. 지난 2007년 11월이었다.

그리고 2008년 6월에 첫 변론기일이 잡혔다. 청구취지를 정정하고 증인을 신청하라는 재판부의 권고가 있었다. 그래서 매도인을 대동하고 재판에 참석했다.

그동안 주님의 도움을 간절히 구했다. 법정에 들어가서도 기도했다. 살아계시고 역사하시는 주님을 다시 한 번 체험시켜 달라고 하였다.

이윽고 변론이 시작되었다. 먼저 재판장이 동두천시 소송대리인에게 서류 미비를 한참 따졌다. 그리고 내게 증인을 신문하라고 했다. 사전에 작성하여 제출한 9개 문항을 차례대로 읽으며 신문하기 시작했다.

그런데 8번째 신문에서 재판장이 제지하였다. 무슨 말인지 도무지 이해가 되지 않는다고 핀잔을 주었다. 나름대로 부연하여 설명했으나 여전히 이해할 수 없다고 하였다.

처음 당하는 일이라 더욱 당황하여 일목요연하게 설명하지 못했다. 하지만 그 옆에 앉은 배석 판사는 연신 고개를 끄덕이며 충분히 이해한 듯했다. 그가 재판장에게 귓속말로 설명하는 모습이 보였다.

그때 뜻하지 않은 일이 일어났다. 동두천시 소송대리인이 벌떡 일어나더니, 재판장이 이해하지 못한다는 부분을 법조문까지 들이대며 조목조목 설명하기 시작했다. 갑자기 분위기가 반전되면서 재판장이 멈칫하였다. 하지만 그도 마지막까지 조리 있게 마무리하지는 못했다.

그러자 우측에 앉은 배석 판사가 재판장 앞에 법전을 펴고 한참을 더 설명하였다. 그때 재판장이 자기 체면을 살리기 위해 직접 문구를 수정하여 증인을 신문했다. 그리고 나머지 9번째 문항을 마저 신문하라고 했다.

그때 증인으로 참석한 매도인도 재판장의 말이 답답하다는 듯 먼저 한마디 하였다.

"거짓말을 해달라는 것도 아니고, 사실을 사실대로 증언해달라는 것을 왜 못하겠습니까?"

하고 재판장의 이해를 구하며 차근차근 증언을 마쳤다. 그럼에도 재판장은 사건의 취지를 제대로 이해하지 못한 듯 우물쭈물하였다.

그러자 이번에는 재판장 아래 앉은 법원 직원이 의자를 뒤로 젖히고 벌떡 일어나더니, 사건의 개요를 재판장에게 설명하기 시작했다. 상식적으로 있을 수 없는 일이 계속 일어나 정말 놀랐다.

그때 증인도 그를 거들어 설명했다. 모두 다 이해하는 내용을 왜 재판장만 이해하지 못하는지 답답하기 그지없다는 분위기였다. 순간 성령님께서 이 사건에 개입하고 계신다는 확신이 뜨겁게 다가왔다.

그런데 이상한 일이 또 생겼다. 그동안 잘 나오던 스피커가 갑자기 경적을 울려 사람들을 깜짝 놀라게 하였다. 재판장이 여기저기 마이크를 만져보며 원인을 찾았으나 허사였다.

경적이 점점 더 크게 울려 귀청을 찢을 듯했다. 결국은 직원이 앰프를 끄게 되었고 실내는 조용해졌다. 재판장이 다시 말하려고 하였으나 마이크가 나오지 않았다.

재판장 아래 있던 그 직원이 앰프를 껐다고 알려주었다. 그러자 재판장이 서둘러 변론을 종결하려고 육성으로 내게 질문하였다. 여전히 청구취지를 잘 이해하지 못하는 듯했다.

"그러니까 2번째 등기하면서 낸 세금을 돌려달라는 것이 아니죠?"

"예."

"분명히 맞죠? 그게 아니죠?"

"예, 그렇습니다. 제가 스스로 납부했습니다."

그러자 재판장이 피고에게 반말 투로 말했다. 서로 잘 아는 사이처럼 보였다.

"그렇다면, 이미 그에 따른 대가를 치렀잖아? 안 그래? 사실이 그렇잖아? 매수하여 다른 사람에게 판 것도 아니고, 주인은 여전히 하나잖아? 저당권 문제 때문에 부득이 2번 등기했을 뿐이잖아?"

그러면서 재판장이 의자를 뒤로 한껏 젖히며 우쭐했다. 그때 시청 소송대리인이 규정을 들어 말하려고 하였으나 재판장이 가로막아 말을 잇지 못했다.

"그렇긴 하지만, 법에…."

"응, 그렇지! 맞지! 그러면 이렇게 하자고. 피고는 지방세부과처분을 직권으로 취소하고 원고는 소를 취하하되, 소송비용은 각자가 부담한다."

그리고 내게 손짓하며 말했다.

"원고는 어때요? 괜찮아요?"

"예."

나는 고개를 끄덕이며 대답했다. 그러자 재판장이 변론을 종결하고 시계를 쳐다보며 다시 말했다.

"집에 돌아가 기다리시면 조정권고안을 받아보실 겁니다."

그리고 얼마 후 조정권고안을 받았다. 하지만 동두천시가 감사를 받아야 하는 공무원의 입장에서 확정판결이 필요하다고 이의신청을 하였다. 그래서 재판은 속행되었고, 결국은 내가 승소의 판결을 받았다.

이후 동두천시는 원심판결에 불복하여 항소와 상고를 하였으나 모두 기각되었으며, 나는 동두천시로부터 소송비용까지 돌려받았다.

(2008. 7. 8)

999. 비움의 지혜

나 스스로 주체하기 힘든 상태에서 세상을 벗하는 친구와 짝하고 있었다. 그는 점점 더 나를 깊은 곳에 끌어가려고 했으며, 나는 양심의 소리를 듣고 가책을 느끼기 시작했다.

"그래, 이것은 내 본연의 모습이 아니야!"

그 낌새를 알아채고, 그가 상기된 얼굴로 내게 다가와 더욱 세게 다그쳤다.

"가세나!"

"아닐세."

그러자 그는 드디어 올 것이 왔다는 듯, 두 눈을 부릅뜨고 나를 빤히 쳐다보며 소리쳤다.

"자, 다시 한 번만 더 생각해 보게! 얼마나 좋고 풍요로운 세상인가?"

하면서 끝없이 펼쳐진 환락의 세계를 손으로 가리켰다. 그러나 그곳은 사방이 어두침침하여 범죄의 소굴처럼 보였다.

"아닐세. 나는 가야 할 길이 따로 있네."

그때 그가 선 바로 아래쪽에 있는 한 기와집을 가리키며 다시 말했다.

"정 그렇다면, 멀리 가지 말고 저기 딱 한 번만 나랑 다녀오세. 내가 모든 것을 다 책임지겠네."

그가 가리킨 집을 보니, '승화사(昇華舍)'라는 간판이 걸려 있었다. 그 뜻을 헤아려 보니 '부귀영화를 누리는 집'이었다.

"음, 좋지! 부귀영화…."

그때 광야에서 40일간 금식을 마치고 허기진 상태에 있는 예수님을 찾아온 사탄이 생각났다. 그것은 지상 최대의 유혹이었다. 그래서 나는 단호하게 말했다.

"사탄아, 썩 물러가라! 나는 하나님만 섬기는 사람이다!" (2008. 7. 16)

- 이어서『예스 7, 자유의 다리』가 계속됩니다. -

찾/아/보/기

933. 아들과 아비 960. 아디아포라 907. 아버지와 아들 862. 안전한 평화 965. 약국 961. 양주 904. 어려움 제로 984. 어린 꿀벌 985. 어린 아들 996. 어부사 901. 엑스트라 934. 여운의 울림 865. 여종의 객기 968. 영감의 원천 974. 영혼의 소리 899. 오두막 교회 920. 옥수수 941. 옥토 밭 889. 용서의 묘약 859. 위로와 질책 875. 울진 927. 웃음꽃 926. 의와 진리 910. 이물질 922. 이익 도래 930. 인지 장애 864. 임시 구조물

900. 자갈밭 954. 자라 903. 작은 땅 991. 작은 발걸음 870. 작은 불씨 916. 작은 조각 883. 작은 집 892. 장기 우환 979. 장림산 935. 잿빛의 시간 956. 전갈 963. 전략가 906. 점진적 열정 893. 정금 임무 912. 정보 창구 945. 조리 슬리퍼 868. 조 밭 879. 조은 소식 966. 좋은 동행자 929. 주님의 사랑 978. 죽은피 953. 직불 카드 894. 진급

896. 참 마무리 962. 채소밭 959. 책값 994. 천국의 계단 877. 첫 손님 940. 초원의 집 905. 최선의 기력 891. 추수

973. 코람데오 신앙 890. 큰 바위 925. 큰 숲 맑은 샘

917. 탈레반

943. 파워 바둑

911. 하나의 옥상 977. 하리정 937. 학점 은행제 993. 한 줌의 바람 964. 한판 전쟁 867. 함석집 957. 항아리 969. 행운의 여인 944. 형통 도래 874. 흔적 878. 힘든 시간

209

메뉴 1,

휴먼 드라마

제1편 **인간 이야기**

제2편 **모정의 세월**

제3편 **숙고의 시간**

폔 2,

소망의 불씨

제6편 새로운 시작

제7편 **죄인의 초대**

제8편 **소망의 불씨**

제9편 쇠잔한 영혼

제10편 절망을 딛고

예스 3,

밀알의 소명

제11편 끝없는 시련

제12편 길은 어디에

제13편 **도피성 예수**

제14편 **밀알의 소명**

제15편 눈물의 기도

예는 4,
희망의 나래

제16편 **흙탕물 정화**

제17편 **희망의 나래**

제18편 **바람의 언덕**

제19편 **시련의 축제**

제20편 **사랑과 용서**

예수 5,

광야의 단비

제21편 **갈급한 심령**

제22편 **요한의 노래**

제23편 **반석을 위해**

제24편 **맘몬의 노예**

제25편 **광야의 단비**